もくじ

漢字――読み書きと知識

学習日　　月　　日

整理しよう

解答➡別冊p.2

1 漢字の読み

次の――線部の漢字の読みをひらがなで書きなさい。

(1) 話の展開についていけない。（　　）
(2) 率直に意見を述べる。（　　）
(3) 文集としての体裁を整える。（　　）
(4) 新入社員を歓迎する。（　　）
(5) 親友との愉快な会話。（　　）
(6) 高級品として珍重する。（　　）
(7) 健やかな成長を願う。（　　）
(8) 調査のため現地に赴く。（　　）
(9) 空が美しく澄んでいる。（　　）
(10) 団結して運動会に臨む。（　　）
(11) いろいろな策を施す。（　　）
(12) 新しい事業を企てる。（　　）

2 漢字の書き

次の――線部のカタカナを漢字で書きなさい。

(1) お年寄りをソンケイする。（　　）
(2) 学校祭にショウタイする。（　　）
(3) ハクラン会に行く。（　　）
(4) 時代のチョウリュウに乗る。（　　）
(5) 需要《じゅよう》とキョウキュウの関係。（　　）
(6) ケイトウだてて話す。（　　）
(7) 大きく息をスう。（　　）
(8) 体力をヤシナう。（　　）
(9) 出発を翌日にノばす。（　　）
(10) 川で釣《つ》り糸をタらす。（　　）
(11) 赤みをオびた金属。（　　）
(12) 提案に異議をトナえる。（　　）

漢字の読み

重要 音読みや訓読みが二つ以上ある漢字に注意する。

〔音読み〕

- 発 ハツ 例発明 ／ ホッ 例発端《たん》
- 図 ズ 例地図 ／ ト 例意図
- 省 セイ 例反省 ／ ショウ 例省力

〔訓読み〕 送りがなに着目して読み分ける。

- 育つ（そだつ） ／ 育む（はぐくむ）
- 悔やむ（くやむ） ／ 悔しい（くやしい）
- 軽い（かるい） ／ 軽やか（かろやか）

3 同訓異字 ▾同じ訓読みをする異なる漢字

次の――線部のカタカナを漢字で書きなさい。

(1)
① 所得税をオサめる。
② 国をオサめる。
③ 大きな成功をオサめる。
④ 学問をオサめる。

(2)
① 大きな過《あやま》ちをオカす。
② 危険をオカす。
③ 他国の領土をオカす。

(3)
① はさみで布をタつ。
② 敵の補給路をタつ。
③ 登山家が消息をタつ。

(3)
① 左右がタイショウな図形。
② 応募《おうぼ》のタイショウになる人。
③ タイショウ的な性格の兄弟。

4 同音異義語 ▾同じ音読みをする意味の異なる語

次の――線部のカタカナを漢字で書きなさい。

(1)
① 製品をホショウする。
② 安全をホショウする。
③ 損害をホショウする。

(2)
① 校庭を住民にカイホウする。
② 植民地をカイホウする。
③ 病状がカイホウに向かう。

5 部首と画数

(1) 「枝」と同じ偏《へん》を持つ行書体の漢字を、ア～エから一つ選び、記号で答えなさい。〈岩手〉

ア 祈　イ 柳　ウ 肢　エ 牧

(2) 次の――線部の漢字を楷書《かいしょ》で書いた場合の総画数と、楷書で書いた場合に総画数が同じになるものを、ア～エから一つ選び、記号で答えなさい。〈大分〉

新緑

ア 簡　イ 漁　ウ 推　エ 談

(3) 次の行書で書かれた漢字を楷書で書く場合、「歴」と同じ総画数であるものを一つ選び、楷書で書きなさい。〈茨城〉

窓　簡　絵　演

同訓異字・同音異義語

〔訓読みが同じ〕
あつい　…熱い・厚い・暑い
そなえる　…備える・供える

〔音読みが同じ〕
キセイ　…規制・既製・既成
カンシン　…関心・感心・歓心

部首

入試でよく出るのは、行書体で書かれた部首の識別だ。

注意 「しめすへん」と「ころもへん」は、行書体では形が同じになる。

しめすへん 礻
ころもへん 衤 } 礻

部首の名前と画数

確認 よく出る部首はほぼ決まっている。覚えよう。

糸　いとへん　→六画
辶　しんにょう→三画
衤　ころもへん→五画
廴　えんにょう→三画

得点　　／100点

定着させよう

解答➡別冊 p. 2

1 次の——線部の漢字の読みをひらがなで書きなさい。〔2点×16〕

(1) 畏敬の念を抱《いだ》く。
(2) 曖昧な態度をとる。
(3) 作文を添削してもらう。
(4) 将来を嘱望された青年。
(5) 昔からの習慣を踏襲する。
(6) 爽快な気分になる。
(7) 稚拙な字を書く。
(8) 社会に貢献する。
(9) 時間を費やす。
(10) 意見を募る。
(11) 衣類のほころびを繕う。
(12) 朽ちることのない名声。
(13) 秘密を探る。
(14) 演奏会を催す。
(15) 歴史を顧みる。
(16) 世界遺産の街並みに憧れる。

2 次の——線部のカタカナを漢字で書きなさい。〔2点×14〕

(1) フッキンを鍛《きた》える。
(2) 要点をカンケツに述べた。
(3) 勝利をカクシンする。
(4) 飛行機のソウジュウを学ぶ。
(5) ヒサクを練る。
(6) 首位の座をイジする。
(7) 発言をテイセイする。
(8) 鑑定《かんてい》を専門家にユダねる。
(9) 夕日が空を赤くソめる。
(10) 毛糸で手袋《てぶくろ》をアむ。
(11) 早起きにナれる。
(12) 相手の胸中をオしはかる。
(13) 奉仕《ほうし》活動にフルって参加する。
(14) 思いあたるフシがある。

3 次の——線部のカタカナを、漢字と送りがなで書きなさい。〔2点×5〕

(1) 農業をイトナム祖父。
(2) 庭の畑をタガヤス。
(3) アタタカイ日が続く。
(4) オサナイ頃《ころ》からの夢。
(5) イキオイよく旗を振《ふ》る。

4

次の――線部の漢字として最も適切なものを、**ア**～**エ**から一つずつ選び、記号で答えなさい。 [2点×6]〈青森〉

(1) 複数の雑誌に筆をトる。
ア 撮　**イ** 捕　**ウ** 採　**エ** 執　〔　　〕

(2) 彼の意見は一貫性《いっかんせい》にカける。
ア 掛　**イ** 駆　**ウ** 架　**エ** 欠　〔　　〕

(3) 来賓《らいひん》が席にツき、式が始まった。
ア 突　**イ** 着　**ウ** 付　**エ** 尽　〔　　〕

(4) 駅の担当者に空席をショウカイする。
ア 紹介　**イ** 照会　**ウ** 商会　**エ** 詳解　〔　　〕

(5) 利益を社会にカンゲンする。
ア 還元　**イ** 管弦　**ウ** 換言　**エ** 甘言　〔　　〕

(6) 生徒会のユウシで校内のごみ拾いをする。
ア 融資　**イ** 有史　**ウ** 勇姿　**エ** 有志　〔　　〕

5

次の(1)～(2)の――線部の漢字と同じ漢字を含《ふく》むものを、**ア**～**エ**から一つずつ選び、記号で答えなさい。 [3点×2]

(1) 不思ギな気持ち。 〈兵庫・改〉
ア ギ巧《こう》をこらした工芸品。
イ 賛成多数でギ決する。
ウ 経済学の講ギを受ける。
エ 半信半ギで話を聞く。
〔　　〕

(2) 待ち望んだ新型の国産旅客機がシュウ航する。 〈愛知・改〉
ア 文化財をシュウ復する。
イ 会場を観シュウが埋《う》める。
ウ 事態のシュウ束を図《はか》る。
エ 大統領の去シュウに注目する。
〔　　〕

6

「練」と同じ部首を持つものを**ア**～**エ**から一つ選び、記号で答えなさい。 [3点]〈愛媛〉

ア 読　**イ** 祖　**ウ** 録　**エ** 績　〔　　〕

7

「登」を楷書《かいしょ》で書いた場合の総画数と、次の行書の漢字を楷書で書いた場合の総画数が同じものを、**ア**～**エ**から一つ選び、記号で答えなさい。 [3点]〈福岡〉

ア 税　**イ** 郵　**ウ** 路　**エ** 救　〔　　〕

8

次の漢字の部首名を書きなさい。また、楷書で書いた場合の総画数と同じ画数になる漢字を、**ア**～**エ**から一つ選び、記号で答えなさい。 [3点×2]〈群馬〉

複

ア 遠　**イ** 確　**ウ** 増　**エ** 報

部首名〔　　〕
同じ画数になる漢字〔　　〕

2日目 熟語の成り立ち／ことわざ・慣用句

学習日　月　日

整理しよう

解答➡別冊 p.3

1 熟語の成り立ち

(1) 次の各語と成り立ちが同じ熟語を、ア～エから一つずつ選び、記号で答えなさい。

① 読書　〈新潟・改〉
ア 直線　イ 激増　ウ 人造　エ 開会　（　）

② 使用　〈富山・改〉
ア 日没《にちぼつ》　イ 生存　ウ 非常　エ 室内　（　）

③ 売買　〈愛媛・改〉
ア 往復　イ 湿潤《しつじゅん》　ウ 豊富　エ 遮断《しゃだん》　（　）

④ 雨音　〈岐阜〉
ア 伸縮《しんしゅく》　イ 花園　ウ 思考　エ 登山　（　）

⑤ 防寒着　〈栃木〉
ア 新製品　イ 洗面器　ウ 雪月花　エ 無理解　（　）

(2) 次の意味を持つ四字熟語を、ア～エから一つずつ選び、記号で答えなさい。

① 人の意見や批評などを、心にとめないで聞き流す。　〈高知・改〉
ア 行雲流水　イ 朝令暮改《ちょうれいぼかい》　ウ 神出鬼没《しんしゅつきぼつ》　エ 馬耳東風《ばじとうふう》　（　）

② わずかな期間。　〈愛媛・改〉
ア 単刀直入　イ 一触即発《いっしょくそくはつ》　ウ 一朝一夕《いっちょういっせき》　エ 臨機応変　（　）

③ 出会いを一生に一度のこととして大切にする。　〈宮城・改〉
ア 一期一会《いちごいちえ》　イ 千載一遇《せんざいいちぐう》　ウ 一喜一憂《いっきいちゆう》　エ 以心伝心　（　）

熟語の成り立ち

〔二字熟語〕
① 意味が似ている　例思考
② 意味が対《つい》になる　例明暗
③ 主語＋述語の関係　例頭痛
④ 動詞＋目的・対象　例入学
⑤ 上の字が下の字を修飾《しゅうしょく》　例高山
⑥ 接頭語・接尾《せつび》語がつく　例不足・酸化

〔三字熟語〕
① 対等な関係　例衣＋食＋住
② 一字＋二字　例新＋記録
③ 二字＋一字　例都会＋人

〔四字熟語〕
二字・三字熟語の成り立ちから類推するとよい。

④　わけもなく他の説に賛成する。

ア　異口同音　　イ　優柔不断《ゆうじゅうふだん》
ウ　我田引水《がでんいんすい》　　エ　付和雷同《ふわらいどう》
（　　　）

〈埼玉・改〉

2　類義語　▼似た意味をもつ語

次の語の類義語を、あとの□内から一つずつ選び、漢字で書きなさい。

(1)　永遠（　　　）
(2)　長所（　　　）
(3)　納得《なっとく》（　　　）

リョウカイ　　エイキュウ　　ビテン

3　対義語　▼反対の意味をもつ語

次の語の対義語を、漢字で書きなさい。

(1)　肯定《こうてい》（　　　）
(2)　創造（　　　）
(3)　単純（　　　）

4　ことわざ

次のことわざの（　）に入る言葉を書きなさい。

(1)　（　）の耳に念仏（　　　）
(2)　月と（　）（　　　）

(3)　（　）里の道も一歩から（　　　）
(4)　百聞は（　）見にしかず（　　　）
(5)　雨降って（　）固まる（　　　）

5　慣用句

次の文の――線部が慣用句となるように、（　）内に体の一部を表す言葉を漢字一字で書きなさい。〈兵庫〉

(1)　彼女の華麗《かれい》なピアノの演奏に、クラス全員が（　）を巻いた。（　　　）
(2)　本校の卒業生からノーベル賞受賞者が出て、私は（　）が高い。（　　　）
(3)　練習後も黙々《もくもく》と素振《すぶ》りを続ける彼の姿には、（　）が下がる。（　　　）

6　故事成語

次の意味を表す故事成語を、ア〜オから一つずつ選び、記号で答えなさい。〈鹿児島・改〉

(1)　程度の差はあっても、大した違《ちが》いはない。
(2)　余計な付け足し。

ア　漁夫の利　　イ　矛盾《むじゅん》　　ウ　杞憂《きゆう》
エ　五十歩百歩　　オ　蛇足《だそく》

(1)（　　　）　(2)（　　　）

重要　慣用的な四字熟語は、意味とともに覚えよう。
例　心機一転・一刀両断
東奔西走《とうほんせいそう》・暗中模索《あんちゅうもさく》
一心同体・一石二鳥

類義語・対義語

〔類義語〕
例　自然―天然　意外―案外
欠点―短所　安全―無事

〔対義語〕
例　主観↔客観　能動↔受動
拡大↔縮小　容易↔困難

ことわざ

昔から言い習わされた、批評や風刺《ふうし》・教訓・知恵《ちえ》を含《ふく》む短い言葉。たとえで表したりするものが多い。
例　三つ子の魂《たましい》百まで
焼け石に水

慣用句

決まった形で元の意味とは違《ちが》う意味を表す言葉。動物にたとえられるものもある。
例　猫《ねこ》の手も借りたい

注意　特に意味を間違えやすいものは覚える。
例　気が置けない・役不足
情けは人のためならず

得点　　／100点

定着させよう

解答➡別冊 p.3

1　□に漢字を一字入れて矢印の方向に読むと、漢字二字の熟語が四つできます。□に入る適切な漢字を楷書《かいしょ》で正しく書きなさい。〔6点×2〕〈岩手〉

(1)

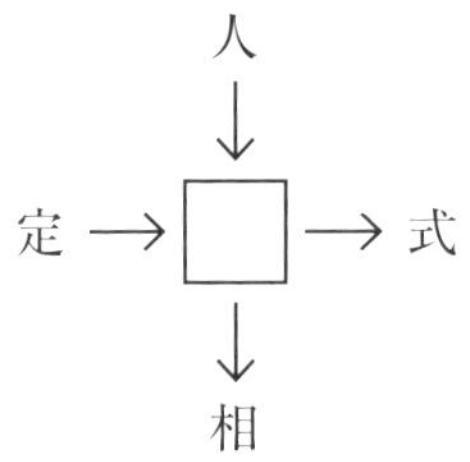

(2)

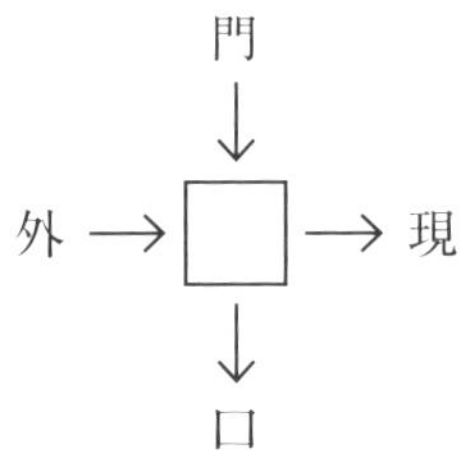

(1)〔　　〕　(2)〔　　〕

2　次の語に否定の意味を持つ語をつけて三字熟語を作るときと同じ否定の語をつけて三字熟語として成り立つ熟語を、**ア**～**エ**から一つ選び、記号で答えなさい。〔6点〕〈岡山〉

関心

ア　安定　　**イ**　公式
ウ　条件　　**エ**　解決

〔　　〕

3　次の各文の□に、それぞれの読みの漢字一字を入れ、四字熟語を完成させなさい。〔完答6点×2〕〈北海道〉

(1)　□奔□走《とうほんせいそう》して、やっと資料を集めることができた。
(2)　我□引□《がでんいんすい》になりますが、わが社の業務を例に説明します。

(1)〔　〕奔〔　〕走
(2)　我〔　〕引〔　〕

4　次の文の□に当てはまる最も適切な四字熟語を、**ア**～**エ**から一つずつ選び、記号で答えなさい。〔6点×2〕

(1)　高校生の兄はインターネットを□に使いこなしている。〈秋田〉

ア　以心伝心　　**イ**　十人十色
ウ　右往左往　　**エ**　自由自在

〔　　〕

(2)　世界的な選手と握手《あくしゅ》する□のチャンスをつかんだ。〈愛知〉

ア　一喜一憂《いちゆう》　　**イ**　海千山千
ウ　一念発起《ほっき》　　**エ**　千載一遇《せんざいいちぐう》

〔　　〕

5　次の文の――線部の様子を表すのに最も適切な四字熟語を、**ア**～**エ**から一つ選び、記号で答えなさい。〔6点〕〈栃木・改〉

芸術祭に向け、わき目も振《ふ》らずに作品制作に取り組む。

ア　才色兼備《けんび》　　**イ**　表裏《ひょうり》一体
ウ　一心不乱　　**エ**　変幻《へんげん》自在

〔　　〕

6 (1)は類義語になる組み合わせを、(2)は対義語になる組み合わせを、**ア**～**エ**から一つずつ選び、記号で答えなさい。 〔6点×2〕

(1) 類義語 〈和歌山・改〉

ア 必然―偶然《ぐうぜん》 **イ** 希薄《きはく》―濃厚《のうこう》

ウ 危険―安全 **エ** 発想―着想

〔　　〕

(2) 対義語 〈岡山・改〉

ア 現実―理想 **イ** 容易―簡単

ウ 納得―了解《りょうかい》 **エ** 原因―理由

〔　　〕

7 次の各文の□に当てはまる最も適切な言葉を、あとから一つずつ選び、記号で答えなさい。 〔10点×2〕

(1) 無理な依頼《いらい》をしてくる手紙をもらうと、返事に困り、□ことだ。 〈愛知・改〉

ア 頭の痛い **イ** 鼻が高い

ウ 耳を疑う **エ** 目に余る

オ 肩《かた》を持つ

〔　　〕

(2) 競争の激しい社会では、状況《じょうきょう》の変化によって相手との関係は大きく変わっていき、□というようなことがありうる。 〈香川・改〉

ア 石橋をたたいて渡《わた》る

イ 昨日の敵が今日の友になる

ウ 一を聞いて十を知る

エ ちりも積もれば山となる

〔　　〕

8 次の慣用句の意味として最も適切なものを、**ア**～**エ**から一つ選び、記号で答えなさい。 〔10点〕〈静岡・改〉

証人が次に何を言うかと、みんなは固唾《かたず》を飲む。

ア あれこれ疑い迷って決断をためらう。

イ 目の前にあるものが欲しくてたまらない。

ウ 事の成り行きが気がかりで、緊張《きんちょう》している。

エ 物事が思うように進まず、もどかしい。

〔　　〕

9 「役不足」という慣用句の本来の用法として最も適切なものを、**ア**～**エ**から一つ選び、記号で答えなさい。 〔10点〕〈千葉〉

ア 失敗ばかりの彼に大役を任せるような役不足は、ぜひ避《さ》けたい。

イ 役者が十人いるのに、役が八つしかない役不足な事態が生じた。

ウ 念願の主役に選ばれ、「役不足ですが、頑張《がんば》ります」と謙《けん》遜《そん》した。

エ あれほどの実績を上げている彼に対して、雑用係とは役不足だ。

〔　　〕

3日目 文の成分と組み立て／自立語

学習日　　月　　日

整理しよう

解答↓別冊 p.4

1 文節と単語

(1) 次の文を、例にならって文節に区切りなさい。

例 猫《ねこ》が／あくびを／した。

① 人間の営みから最も遠い領域といえる。

② 朝からずっと雨が降っている。

③ 新発売の商品を試《ため》しに使ってみた。

④ この計画はきっとうまくいくだろう。

(2) 次の文を、単語に区切るといくつになるか。漢数字で答えなさい。

① 給食係を上田さんと交代する。（　　）

② 次の駅で急行電車に乗り換《か》える。（　　）

③ さまざまな役割を担《にな》った人が住んでいる。（　　）

2 文の成分

(1) 次の――線部の文の成分として適切なものを、ア～オから一つずつ選び、記号で答えなさい。

① 子供たちが公園で遊ぶ。（　　）

② 夜空に大きな月が出ている。（　　）

③ 先生、質問があります。（　　）

④ バラが一輪咲《さ》いた。（　　）

⑤ 寒かったので、風邪《かぜ》を引いた。（　　）

ア 主語　イ 述語　ウ 修飾語《しゅうしょくご》　エ 接続語　オ 独立語

(2) 次の――線部の語の主語を、文中から一文節で抜《ぬ》き出しなさい。

私の兄も音楽が好きだ。（　　）

文節と単語

〔文節〕意味がわかる範囲《はんい》で文をできるだけ短く区切ったまとまり。

例 鳥が／空を／飛んだ。

〔単語〕文節をさらに細かく分けて、意味や働きの上で最小になるまで区切った単位。

例 鳥／が／空／を／飛ん／だ。

文の成分

① 主語…「何が（は）」「誰《だれ》が（は）」にあたる。

② 述語…「どうする・どんなだ・何だ」にあたる。

③ 修飾語…他の文節の内容をくわしく説明する。

3 文節の関係

次の——線部と═══線部の文節の関係を、**ア**～**エ**から一つずつ選び、記号で答えなさい。

(1) アリが 食べ物を 運んで いる。（　　）

(2) 丘《おか》の 上の 家まで ゆっくり 歩く。（　　）

(3) 五重の塔《とう》の建築は、 絶妙《ぜつみょう》な バランスと 完成度を もっている。（　　）

(4) 母が 自転車で 買い物に 出かける。（　　）

ア 主述（主語・述語）の関係
イ 修飾・被《ひ》修飾の関係
ウ 並立《へいりつ》の関係
エ 補助の関係

4 活用のない自立語

次の——線部の語の品詞名を書きなさい。

(1) この本はとてもおもしろかった。（　　）

(2) 祖母は、ゆっくりとお茶を飲む。（　　）

(3) そんな話は聞いたことがない。（　　）

(4) 夕べは夜ふかしをした。だから、今日はとても眠《ねむ》い。（　　）

(5) ああ、よかった。（　　）

5 活用のある自立語

(1) 次の——線部の語の活用形を、**ア**～**カ**から一つずつ選び、記号で答えなさい。

① 何度失敗してもくじけない。（　　）
② 簡単に育てられる野菜。（　　）
③ 今日はとても暑い一日だった。（　　）

ア 未然形　**イ** 連用形　**ウ** 終止形
エ 連体形　**オ** 仮定形　**カ** 命令形

(2) 次の——線部の動詞の活用の種類を、**ア**～**オ**から一つずつ選び、記号で答えなさい。

① 計画の中止を決める。（　　）
② 図書館で本を借りる。（　　）
③ 競技場のトラックを走る。（　　）

ア 五段活用　**イ** 上一段活用
ウ 下一段活用　**エ** カ行変格活用
オ サ行変格活用

連用修飾語…用言を含《ふく》む文節を修飾
連体修飾語…体言を含む文節を修飾

④接続語…文と文、文節と文節をつなぐ。
⑤独立語…他の文節から独立している。

自立語

単独で文節を作り、それだけで意味がわかる語をいう。

〔活用のある自立語〕
①動詞…終止形がウ段で終わる。 例 飲む
②形容詞…終止形が「い」で終わる。 例 美しい
③形容動詞…終止形が「だ・です」で終わる。
例 静かだ・静かです

重要 動詞の活用の種類は、未然形にしたときの活用語《ご》尾《び》で見分ける。
①五段活用…ア段になる。
②上一段活用…イ段になる。
③下一段活用…エ段になる。
＊カ行変格活用は「来る」、サ行変格活用は「する・～する」のみ。

3日目 文の成分と組み立て／自立語

得点　　／100点

定着させよう

解答➡別冊p. 4

1 次の各文の文節の数を漢数字で答えなさい。〔6点×3〕

(1) 足の痛みはなかなかおさまらなかった。〈秋田・改〉〔　　〕

(2) 外国では、全く予想もしなかったことを感じることがある。〈北海道・改〉〔　　〕

(3) 個々の単語の意味は知らなくても文意はわからないわけではない。〈福井・改〉〔　　〕

2 次の――線部を単語に区切ったものとして適切なものを、**ア**～**エ**から一つずつ選び、記号で答えなさい。〔6点×2〕

(1) 私はリレーの選手に選ばれました。〈栃木〉

ア 選ばれ／まし／た　**イ** 選ばれ／ま／し／た

ウ 選ば／れ／ました　**エ** 選ば／れ／まし／た

〔　　〕

(2) 監督《かんとく》は、けがをした選手の足を冷やさせ、様子をみることにした。〈長崎・改〉

ア 冷／やさせ　**イ** 冷や／させ

ウ 冷や／さ／せ　**エ** 冷やさ／せ

〔　　〕

3 次の文の――線部と文の成分として働きが異なるものを、**ア**～**エ**から一つ選び、記号で答えなさい。〔6点〕〈青森・改〉

おれも落ちていた石を手にした。

ア 雨さえ降りだした。

イ コーヒーは飲まない。

ウ 花が咲《さ》く。

エ 彼こそキャプテンだ。

〔　　〕

4 次の各文の――線部の語が直接かかるのは、どの言葉か。文中から一文節で抜《ぬ》き出しなさい。〔6点×3〕

(1) 彼は、ふと話すのをやめて、こちらをふりむいた。〈石川・改〉〔　　〕

(2) もし地球の周りにオゾン層がなかったなら、地球上の生物は紫外線《しがいせん》を直接浴びることになる。〈北海道・改〉〔　　〕

(3) 人間の営みは、自然科学という必ずしも万能とは言えない原理に基《もと》づいている。〈石川・改〉〔　　〕

5 次の——線部「張る」と同じ品詞を含《ふく》むものを、**ア**〜**エ**から一つ選び、記号で答えなさい。〔6点〕〈岐阜・改〉

意地を張ると、的確な判断ができなくなる。

ア 選手の反応は素早《すばや》かった。
イ これが話題の小説です。
ウ 休日の公園はにぎやかだ。
エ 会場は静寂《せいじゃく》に包まれた。

〔　〕

6 「あふれる」と活用の種類が同じ動詞を、**ア**〜**エ**から一つ選び、記号で答えなさい。〔6点〕〈富山〉

ア 寝《ね》る　**イ** 昇《のぼ》る
ウ 来る　**エ** 起きる

〔　〕

7 次の動詞の中で、活用の種類が他と異なるものを、**ア**〜**エ**から一つ選び、記号で答えなさい。〔6点〕〈三重・改〉

ア つける　**イ** 残す
ウ なる　**エ** 運ぶ

〔　〕

8 次の——線部の動詞の中で、活用形が他と異なるものを、**ア**〜**エ**から一つ選び、記号で答えなさい。〔7点〕〈青森・改〉

ア 彼はまじめな人だと思います。
イ 最後まで頑張《がんば》って行こう。
ウ 常識といわれているものを疑う。
エ よく知らない駅で待ち合わせた。

〔　〕

9 次の文の——線部「貴重な」と品詞が異なるものを、**ア**〜**エ**から一つ選び、記号で答えなさい。〔7点〕〈富山・改〉

経営のための貴重な人材が確保できた。

ア いろんなやり方を試す。
イ 元気な声で返事をする。
ウ にぎやかな通りを歩く。
エ 緩《ゆる》やかな放物線を描《えが》く。

〔　〕

10 次の文の——線部「ますます」と品詞が同じものを、**ア**〜**エ**から一つ選び、記号で答えなさい。〔7点〕〈福岡・改〉

人間関係は以前に比べてますます希薄《きはく》になってきた。

ア あらゆる人々に意見を聞いた。
イ 今日は、ゆっくり走ってみる。
ウ 彼は、穏《おだ》やかに説明を始めた。
エ 短時間で素早く処理できる。

〔　〕

11 次の**ア**〜**エ**の文の——線部のうち、副詞を一つ選び、記号で答えなさい。〔7点〕〈長崎・改〉

ア 母も仕方なく兄の外泊《がいはく》を許した。
イ いかなる状況《じょうきょう》でも、信念を曲げない。
ウ 初めての演奏は全然うまくいかなかった。
エ 先生は静かに椅子《いす》から立ち上がった。

〔　〕

4日目

付属語（助動詞・助詞）／敬語・表現

学習日……月　日……

整理しよう

解答➡別冊p. 6

1 助動詞

次の――線部と同じ意味・用法で使われているものを、ア〜エから一つずつ選び、記号で答えなさい。

(1) 明日は雨が降るかもしれない。〈香川・改〉

ア 兄はまだ戻《もど》ってこない。
イ この部屋は明るくない。
ウ その笑顔《えがお》はあどけない。
エ 今まで見たことがない。

（　　）

(2) 最後に味方に裏切られる。〈石川・改〉

ア 別れた友人の顔が思い出される。
イ 母に早く起きなさいと言われる。
ウ 先生が大事なお話をされる。
エ バスに乗れば十分で行かれる。

（　　）

2 助詞

次の――線部と同じ意味・用法で使われているものを、ア〜エから一つずつ選び、記号で答えなさい。

(1) 歴史に名をとどめる。〈山口・改〉

ア 彼は急に走り出した。
イ 皆《みな》で体育館に整列する。
ウ 夜空の星のように輝《かがや》く。
エ 友達と遊びに行く。

（　　）

(2) 耳のたれた犬を飼っている。〈岡山・改〉

ア 私の起きる時刻は六時だ。
イ くよくよするのをやめる。
ウ 結果を見るのが楽しみだ。
エ 挨拶《あいさつ》の大切さを実感する。

（　　）

助動詞

活用する付属語で、用言や体言などに付く。意味や用法を見分ける問題は頻出《ひんしゅつ》。

［「ない」の見分け方］
・助動詞…「ない」を「ぬ」に置き換《か》えられる。
・形容詞…「〜がない」という形になる。
・補助形容詞…「ない」の前に「は」を補える。
　例大きく(は)ない
・形容詞の一部
　例なにげない

［「れる・られる」の意味・用法］
①受け身 例〜に助けられる
②尊敬 例大臣が訪問される
③可能 例早く起きられない
④自発 例昔が思い出される

3 敬語

(1) 次の――線部の敬語の種類を**ア**～**ウ**から一つずつ選び、記号で答えなさい。

① 先生がそうおっしゃいました。（　）

② 両親は、あとから参ります。（　）

③ 食後に果物を召《め》しあがりますか。（　）

④ ご来場のお客様にお知らせします。（　）

⑤ おめでとうございます。（　）（　）

ア 尊敬語
イ 謙譲《けんじょう》語
ウ 丁寧《ていねい》語

(2) 敬語の使い方として誤った表現を含《ふく》む文を、**ア**～**エ**から一つ選び、記号で答えなさい。〈高知・改〉

ア 母が先生にお会いしたいと申しております。

イ 学級新聞ができたので、先生も拝見してください。

ウ 学習発表会にはお客様が大勢いらっしゃいます。

エ 春休みに、先生のお宅にうかがってもよろしいですか。（　）

(3) 次の――線部を、（　）内の状況《じょうきょう》をふまえて、適切な敬語に直しなさい。

①（中学生が、小学校のときの先生に手紙を書いている文面）
「卒業式が終わりましたら、先生を訪ねて、小学校に行きたいと思っています。」〈北海道・改〉（　）

②（生徒総会で生徒が司会をしている場面）
「最後に、校長先生にお話をしてもらいます。」〈栃木〉（　）

4 表現

(1) 次の――線部と═══線部の関係が適切になるように、═══線部を書き直しなさい。〈埼玉〉

私が勉強をするのは、夢をかなえるのに必要な学力を身につけたい。（　）

(2) 次の二つの文が同じような意味になるように、□に当てはまるひらがな一字を書きなさい。〈北海道・改〉

・働くことは大切だと実感することができました。
・働くことの大切□を実感することができました。（　）

助詞

活用しない付属語で、自立語に付く。意味や用法に注意が必要。

【「の」の意味・用法】
①連体修飾《しゅうしょく》語　例世界の国々
②主語　例水の流れる音
③体言の代用　例大きいのが欲しい

敬語

①尊敬語…相手の動作を高めて、敬意を表す。例おっしゃる・なさる
②謙譲語…自分や自分に近い人の動作をへりくだって言う。例申す・いたす
③丁寧語…話し方を丁寧にする。例です・ます

表現

重要　主語と述語の対応に気をつける。

定着させよう

解答➡別冊 p. 6

1 次の各文の——線部と同じ意味・用法で使われているものを、**ア**～**エ**から一つずつ選び、記号で答えなさい。〔8点×5〕

(1) 勉強は単に知識を得るための「手段」ではない。〈長野・改〉

ア 会場への行き方がわからないんだ。
イ その本は、ぼくの家にはないよ。
ウ もうあきらめるなんて情けないな。
エ 雨は降りそうにもないね。

〔　　〕

(2) 子供への母親らしい思いやりが感じられる。〈青森・改〉

ア 天気予報では明日は晴れるらしい。
イ その行動は実に彼女らしい。
ウ 桜の開花はもうすぐらしい。
エ 彼はたいそう料理が得意らしい。

〔　　〕

(3) ボールが遠くまで飛んだ。〈群馬・改〉

ア このピアノは、音がきれいだ。
イ よく晴れた日だ。
ウ 懸命《けんめい》に自転車のペダルをこいだ。
エ 彼は明日の午後来るそうだ。

〔　　〕

(4) 先生がプリントを黒板に掲示《けいじ》する。〈栃木〉

ア 港の市場は、新鮮《しんせん》な魚介《ぎょかい》類を豊富にそろえている。
イ 陸上競技部員が、ゴールを風のように走り抜《ぬ》ける。
ウ 朝顔のつぼみが大きくなって、今にも咲《さ》きそうだ。
エ とんぼが私の麦わら帽子《ぼうし》に止まった。

〔　　〕

(5) 人生というのは、旅に似ている。〈新潟・改〉

ア プラスチックのコップはとても軽い。
イ 彼はもっとも奥《おく》にあるのを選んだ。
ウ 一昨年の夏はとても暑かった。
エ 彼女の書いた作文はすばらしかった。

〔　　〕

2 次の文章中の——線①～④の「で」のうち、同じ働きをするものの組み合わせとして最も適切なものを、**ア**～**エ**から一つ選び、記号で答えなさい。〔8点〕〈神奈川〉

古い資料で①町の歴史を調べようと思い、図書館へ自転車で②出かけたが、適切な資料がなかなか見つからないので③、お茶で④も飲んで気分転換《てんかん》をしようと思った。

ア ①と②
イ ①と③
ウ ②と③
エ ②と④

〔　　〕

3

次の会話の□に当てはまる最も適切な敬語の表現を、ア〜エから一つ選び、記号で答えなさい。 〔8点〕〈埼玉〉

先生「ここは美術部の部室ですね。皆《みな》さんの作品を見せてもらえますか。」

生徒「ありがとうございます。どうぞ、ゆっくりと□ください。」

ア お見せになって

イ ご覧になって

ウ 拝見なさって

エ お目にかけて

〔　　〕

4

次の文章中の――線①②の敬語表現について、正しければ「○」を記入しなさい。誤っている場合は、正しいものをア〜エから一つ選び、記号で答えなさい。ただし、同じ記号を二回使ってもよい。 〔8点×2〕〈山梨〉

放課後、私たち学園祭実行委員は校長室に①伺《うかが》い、学園祭開会式でのご挨拶《あいさつ》をお願いしました。校長先生は快く引き受けてくださり、私たちに学園祭の取組《とりくみ》の進行状況《じょうきょう》について②伺いました。

ア お聞きになり

イ 行かれ

ウ いらっしゃり

エ お聞きし

①〔　　〕　②〔　　〕

5

次の文章は職場体験の礼状の一部である。――線部の「もらい」を、適切な表現に書き直しなさい。 〔8点〕〈秋田〉

さて、先日は突然《とつぜん》のお願いにもかかわらず、貴重なお時間をもらい、ありがとうございました。おかげさまで、陶器《とうき》づくりの工程や陶器の魅力《みりょく》について知ることができました。

〔　　〕

6

次の文は、――線部の「砂糖を」と「入っている」との言葉の関係が不適切である。この文の内容を変えないように、「入っている」の部分を適切な表現に書き直しなさい。 〔10点〕〈北海道〉

姉は、スプーン一杯《いっぱい》の砂糖をいつも紅茶に入っている。

〔　　〕

7

次の文を、文の内容を変えずに、「すばらしさ」という言葉を使って書き直すとき、□に当てはまる言葉を、十字以内で書きなさい。 〔10点〕〈埼玉〉

展望台からのながめはすばらしく、私は感動した。

↓

私は、展望台からの□感動した。

1日目 2日目 3日目 4日目 5日目 6日目 7日目 8日目 9日目 10日目

5日目

小説文の読解――その1

学習日　　月　　日

整理しよう

解答➡別冊 p.8

■ 次の文章を読んで、下の問いに答えなさい。〈山口・改〉

> 「ぼく」（優斗《ゆうと》）と谷川くんは、運動会の二人三脚《さんきゃく》の練習をするが、背丈《せたけ》が違《ちが》いすぎてなかなか息が合わない。古賀《こが》先生は、背の高い谷川くんの胸に優斗がにぎるたすきを巻いて走ってみるよう提案する。

「がんばれー」

ゴールラインで、クラスのみんなが待っていた。

「ここまでだぞ～」

内藤《ないとう》くんが、手をふりまわしているのが見えた。①ぼくは、ぎゅっとたすきをにぎった。

「せーの」

「ワンツー、ワンツー」

谷川くんのかけ声に、ぼくも大声を出した。 A

外、内、外、内……。

心の中で言いながら、ぼくらは走りはじめる。谷川くんの大きな足にぴったりとくっついたぼくの足が、

1 人物の心情

――線①「ぼくは、ぎゅっとたすきをにぎった」とあるが、このときの「ぼく」の気持ちとして最も適切なものを、**ア～エ**から一つ選び、記号で答えなさい。

ア 見物するクラスのみんなに反発を感じている。

イ 失敗するにちがいないと、あせっている。

ウ うまく走ろうと、精神を集中させている。

エ 谷川くんを頼《たの》もしく感じている。

（　　）

2 状況《じょうきょう》の変化

上の文章には、次の一文が抜《ぬ》けている。文章中の A ～ D のうち、どこに入るか。最も適切な箇所《かしょ》を選び、記号で答えなさい。

● ぼくもたすきをにぎる手に力をこめて、なんとかもちなおした。

（　　）

人物や場面をとらえる

重要 本文の前にある前書き（リード文）には、人物や場面の設定が説明されている。しっかり読んでおこう。

〔主題を読み取る〕

人物と人物の関係には、物語の主題が込《こ》められていることが多い。

友人との関係
…友情や葛藤《かっとう》、成長

家族との関係
…愛情・ふれあい

異性との関係
…あこがれ・恋《こい》

先輩《せんぱい》や先生との関係
…尊敬・親しみ

グラウンドをふみつける。

前にやったときには、すぐに転びそうになったのに、ちゃんと前に進んでいる。ぼくはたすきをしっかりにぎって足をはこぶ。

「おー、いいじゃないか」

となりを走っていた古賀先生が、声をあげた。

外、内、外、内……。［B］

足を確認《かくにん》しながら、ぼくは交互《こうご》に足を出す。
②「先生の思ったとおりだったな」
満足そうに古賀先生が言ったとき、谷川くんの足がちょっと早く出た。

「おっと」

おもいがけない力で左足が引っぱられて、バランスをくずしそうになった。そんなぼくの肩《かた》を、谷川くんがしっかりつかんだ。［C］

「ワンツ、ワンツー」

谷川くんが大きな声でリズムを示し、ぼくもそれに合わせて声をかける。

「ワンツー、ワンツ」

ぼくは懸命《けんめい》に足をあげた。だんだん調子が合ってきた。ふたつの足が、リズムよく地面をけりはじめる。

「ワンツ、ワンツ」

ふたりの足は自然と速くなった。歩幅《ほはば》はちゃんと合っている。［D］

（まはら三桃《みと》「ぼくらの歩幅」による）

3 会話文の内容

――線②「先生の思ったとおりだったな」とあるが、どのようなことが思ったとおりであったのか。それを説明した次の文の［　］に入る内容を、文章の内容に即《そく》して十字以内で書きなさい。

● たすきを使うことで、優斗の体が安定して転ばなくなり、［　］こと。

4 表現の工夫《くふう》

＝＝線部「ワンツー、ワンツー」「ワンツ、ワンツー」「ワンツー、ワンツ」「ワンツ、ワンツ」とあるが、このようなかけ声の変化から、「ぼく」と谷川くんのどのような様子が読み取れるか。最も適切なものを、ア～エから一つ選び、記号で答えなさい。

ア 「ぼく」と谷川くんのリズムが合って、だんだんスピードが上がってきている様子。
イ ゴールが近づくにつれ、「ぼく」と谷川くんの息が合わなくなってきている様子。
ウ 疲《つか》れ始めた谷川くんを、「ぼく」が必死に励《はげ》まし、奮い立たせようとしている様子。
エ ゴールを目前にして「ぼく」と谷川くんがいっそう慎重《しんちょう》になっている様子。

（　　）

人物の心情をとらえる

心情をとらえるには、行動や態度・会話を手がかりにするとよい。

ふと目をそらした
→落ち着かない
口をへの字に曲げた
→すねている

変化をとらえる

「時」「場所」「人物」が変わると、場面が変わる。同じ場面でも状況は変化するので、よく読もう。

表現の工夫

①短い文を続ける
…リズム感・臨場感を生みだす。
②語り手や視点を変える
…登場人物の視点から主観的に語る、また、第三者の視点から客観的に語る、など。
③比喩《ひゆ》・擬人《ぎじん》法・体言止め・擬態《ぎたい》語・擬声語（34ページ）などを使う。

小説文の読解——その1

得点　／100点

定着させよう

解答➡別冊 p. 8

■ 次の文章を読んで、あとの問いに答えなさい。〈岡山・改〉

小学校六年生の「はるか」は、妹の「うみか」が鉄棒の練習中に骨折したことに責任を感じていた。「うみか」は、宇宙を愛し、宇宙飛行士を志していた。「はるか」は、『銀河』という学級だよりに、「うみか」に読んで欲《ほ》しいと思って、毛利衛《もうりまもる》氏のスペースシャトル打ち上げについての文章を書いた。

毛利さんが宇宙に行ってるうちに印刷して配って欲しい、と先生に申し出ると、湯上《ゆがみ》先生は原稿《げんこう》を読んだ後で「わかった。今日配るよ」と約束してくれた。

「今日の『銀河』は、はるかさんが書きました。配ります」

前から順に、『銀河』が配られてくる。見覚えのある自分の字が印刷にかけられているのを見ると、死にそうになるぐらいドキドキした。

誰《だれ》かにからかわれるかもしれない、と覚悟《かくご》していたし——、もっと言えば、誰かが興味を持って読んでくれないだろうか、感想を言ってくれないだろうか、といい方への期待もかなりしていた。

しかし、みんな『銀河』を、あっさりと折ってしまいこんでしまう。私の肩《かた》から力が抜《ぬ》けていった。

帰りの会が終わり、「一緒《いっしょ》に帰ろう」とミーナ*が席までやってくる。私の『銀河』に関するコメントもなかった。なんだ、①このぐらいのことだったんだ、と思ったら、急にそれまで気張っていた自分がバカみたいで、惨《みじ》めで、ほっとしたけど、それ以上に奥歯《おくば》を噛《か》みしめたいくらい、悔《くや》しかった。

帰ろうと教室を出かけた、その時だった。

「はるかちゃん」と、名前を呼ばれた。

振《ふ》り返ると、学級委員の椚《くぬぎ》さんだった。普段《ふだん》はほとんど話したことがない。

「今回の『銀河』、面白《おもしろ》かった」

【大きな眼鏡《めがね》の向こうの黒目がちな目が、私を見ていた。私は咄《とっ》嗟《さ》には答えられず、目を見開いて彼女を見つめ返す。】椚さんが笑った。

「これまでで、最高の記事だよ。毛利さんで一号作っちゃうなんてすごい」

「そう、かな」

「うん」

答えながら、頬《ほお》が熱くなっていく。「ありがとう」と言葉が出るまで長く時間がかかった。身体の真ん中に柔《やわ》らかな光が灯《とも》ったように、さっきまでの嫌《いや》な気持ちが消えていく。優《やさ》しい気持ちが満ちていく。

それは、うみかと見上げた夜空の暖かさとどこか似た気持ちだった。記事だけじゃなくて、うみかが褒《ほ》められたような誇《ほこ》らしい気持ち。②口元が勝手にゆるんで、笑顔《えがお》になってしまう。

（辻村《つじむら》深月《みづき》「1992年の秋空」による）

（注）＊ミーナ…「はるか」のクラスメート。

1 ――線①「このぐらいのことだった」とあるが、「このぐらい」が表す内容について説明したものとして最も適切なものを、**ア**～**エ**から一つ選び、記号で答えなさい。〔20点〕

ア うわべの心配とはうらはらに自分の記事に自信を持っていたが、級友のみんなは全く読もうとしてくれなかった。

イ 自分の書いた学級だよりにどんな反応があるのかとドキドキしていたが、学級委員の椚さんしか興味を示さなかった。

ウ 場違《ばちが》いな宇宙の記事では理解されないだろうと半ばあきらめていたが、級友の誰もがあっさりと受け入れてくれた。

エ からかわれる心配と興味を示してくれる期待とが心の中に渦巻《うずま》いていたが、級友のみんなもミーナも無関心だった。

〔　　〕

2 この文章を二つの場面に分けると、後半はどこから始まるか。その初めの五字を抜き出しなさい。〔20点〕

3 【　】内の文章の表現上の特色を説明したものとして、最も適切なものを、**ア**～**エ**から一つ選び、記号で答えなさい。〔20点〕

ア 第三者の視点から語ることで、はるかの気持ちの変化を客観的に描《えが》いている。

イ 短い文を並べることで、場面の急な展開を臨場感をもって表現している。

ウ 同じ語を使って人物を対比することで、場面に緊迫感《きんぱくかん》を持たせている。

エ 比喩《ひゆ》表現を用いることで、はるかが受けた驚《おどろ》きを、いきいきと描いている。

〔　　〕

4 ――線②「口元が勝手にゆるんで、笑顔になってしまう」とあるが、このときの「はるか」の心情について説明した次の文の **A**・**B** に入る適切な言葉を、本文中から **A** は五字、**B** は九字で抜き出しなさい。〔20点×2〕

学級委員の椚さんから、自分の書いた『銀河』の文章を **A** だと評価してもらえたことで、自分だけでなく **B** ように感じて、得意な気持ちになった。

A

B

6日目

小説文の読解——その2

学習日　　月　　日

整理しよう

解答➡別冊 p.10

■ 次の文章を読んで、下の問いに答えなさい。〈栃木・改〉

> 学級委員選挙で自分に投票していいのかと聞いたヒコベエに、父と母は「もちろんいいよ。」と答えた。

お兄ちゃんが、

「何だヒコベエ、あんなものになりたいのか。」

と軽蔑《けいべつ》するように言った。ヒコベエは①口を尖《とが》らせて言った。

「だって一度もなったことないんだもん。」

「俺《おれ》なんてちゃんと一学期に学級委員をやったよ。やりたくなかったのに選ばれちゃったから仕方なくやっただけさ。あんなもんやってると、勉強時間もとれなくなるよ。」

母が助け船を出した。

「お前は一ヵ月後に中学入試を控《ひか》えているからそうだろうけど、ヒコベエは違《ちが》うよ。一度やると色々勉強になっていいと思うけどね、お母さんは。」

ヒコベエが言った。

1 心情を表す表現

——線①「口を尖らせて」とあるが、ここに表れているヒコベエの気持ちとして最も適切なものを、**ア**～**エ**から一つ選び、記号で答えなさい。

ア 兄に見くだされたことに対する不満。

イ 兄に先を越《こ》されたことに対する落胆《らくたん》。

ウ 兄におだてられたことに対する驚《おどろ》き。

エ 兄にとがめられたことに対する恐《おそ》れ。

（　　　）

2 心情をつかむ

——線②「困っているのはねえ」とあるが、ヒコベエが困っている理由を説明した次の文の□に入る言葉を、文章中から十四字で抜《ぬ》き出しなさい。

● 学級委員にはどうしてもなりたいが、そのように思っていることを□から。

心情を表す表現

体の一部を用いた慣用表現から、心情を読み取る。

> 目を丸くする　↓驚き
> 鼻で笑う　↓軽蔑
> 手に汗《あせ》を握《にぎ》る
> ↓緊張《きんちょう》や興奮

心情をつかむ

人物の置かれている状況《じょうきょう》から心情を推測する。

> 困難に直面している
> ↓不安・あせり・葛藤《かっとう》

重要 会話文には、人物の心情や行動の理由が表されていることが多いので、読解の手がかりになる。

「本当はねえ、困っているのはねえ、②僕《ぼく》が自分の名を書くと、開票の結果、クラス全員五十名が僕に投票したことになりそうなんだよ。僕が自分の名を書いたことがバレちゃうということなんだよ。」

ヒコベエの胸の中では、学級委員になりたいという強烈《きょうれつ》な欲望と、その気持ちを友達には絶対に知られたくないという羞恥《しゅうち》が、*統御《とうぎょ》できないほどに葛藤《かっとう》していたのである。母が不思議そうに言った。

「バレてどこが悪いのよ。なりたければ自分の名を書くの、当たり前じゃない。③自分の名を書いちゃあいけない選挙なんて、世界中どこにもありゃしないわよ。」

父が口を開いた。

「本当に五十票満票になりそうなのか。」

「多分なると思う。」

「それなら誰《だれ》かの名を書いておけば。四十九票でも当選するからな。自分の名を書くのはちょっと、というヒコベエの気持ちはわかるよ。」

「お父さんまでそんな馬鹿《ばか》なこと言うの。男っていうのは本当に見栄《みえ》っぱりなんだから。」

母が呆《あき》れたように首をふった。いつも通り、［A］より［B］をとる母と、［B］より［A］をとる父の意見が分かれたのであった。ヒコベエは内心、父に従い自分の名は書くまいと決めた。

（藤原正彦《ふじわらまさひこ》「ヒコベエ」による）

（注）＊統御…全体をまとめ、コントロールすること。

3 内容をつかむ

——線③「自分の名を書いちゃあいけない選挙なんて、世界中どこにもありゃしないわよ」とあるが、母がこのように言ったのはなぜか。その理由として最も適切なものを、**ア**〜**エ**から一つ選び、記号で答えなさい。

ア 学級委員になれるか不安がるヒコベエが不思議だったため。

イ 名前を書くことをためらうヒコベエを理解しかねたため。

ウ 選挙で満票をとることに執着《しゅうちゃく》するヒコベエに困ったため。

エ 名前は書かないと頑固《がんこ》に言い張るヒコベエに失望したため。

（　　）

4 人物像

文章中の［A］・［B］に当てはまる語の組み合わせとして最も適切なものはどれか。**ア**〜**エ**から一つ選び、記号で答えなさい。

ア A－難　B－易　　**イ** A－苦　B－楽

ウ A－大　B－小　　**エ** A－名　B－実

（　　）

重要 風景や天候などの情景の描写が、人物の心情を表していることがある。

公園の木々がさやさやと風に吹《ふ》かれていた。
→晴れやかな気持ち
明るい太陽が昇《のぼ》ってきた。
→希望を感じている

人物像

物語には、それぞれに特色のある性格をもつ人物が描《えが》かれている。どういう人物であるかがわかると、話の展開や主題が読み取りやすくなる。

落ち着いた人
感情の起伏《きふく》の激しい人
孤独《こどく》な人

得点

／100点

定着させよう

解答➡別冊p.10

■ 次の文章を読んで、あとの問いに答えなさい。〈宮崎・改〉

中学校に入学した千鶴《ちづる》は、放課後に友人の「しほりん」と吹奏楽《すいそうがく》部の見学に行った。運動が得意でない千鶴は、自分を変えるために、中学校では体育系の部活を始めようと思っていた。

「決めた。あたし、吹奏楽部に入る。千鶴もやろうよ」

しほりんに誘《さそ》われるまでもなく、千鶴の気持ちも吹奏楽部へかたむいていた。

放課後の音楽室にいる自分を、千鶴はたやすく想像できた。すぐに上達するほど器用じゃなくても、まじめに練習をつんで、着実に成長していく自分。仲間や先輩《せんぱい》たちともそれなりにうまくやっていく。ありありとイメージできる。できすぎる。

「あのね、わたし……中学生になったら、変わりたいって、思ってたんだ」

千鶴は初めてしほりんに打ちあけた。

「いままでとはちがう自分になりたくて。吹奏楽部は、すごくいいと思うし、すごくやってみたい。でも、それじゃ、いままでのわたしといっしょって気もして……」

うまく言えない。じれったくだまりこむ千鶴の横顔を、しほりんがじっと見つめている。千鶴が本気のとき、しほりんはいつもおなじくらいの本気さで、なにかを返そうとしてくれるのだ。ちょうどいい言葉が見つからないときには、見つかるまでずっとだまっている。

「うん」

①けれど、この日は早かった。

胸もとのスカーフをのぞきこむように、しほりんはこくんとうなずいて言ったのだ。

「わかるよ。千鶴の気持ち」

「え」

「あたしも、そんなふうに思うことあるし」

「しほりんも？」

②「うん。でも、それでもあたし、千鶴は千鶴らしいことをしたほうがいいと思う」

「そうかな」

「わざと自分らしくないことをするより、千鶴は千鶴らしいことをして、いままでの千鶴以上にそれをがんばって、そのさきに、いままでとちがう千鶴がいるんじゃないのかな」

千鶴は千鶴らしいことをして、いままで以上にそれをがんばって、そのさきに、いままでとちがう千鶴がいる――。

千鶴はその言葉を吸いこんだ。とたん、③夕焼け空が朝焼けみたいに光りかたを変えた。

「うん。そうかも。そうならいいな」
④すうっと肩《かた》から力がぬけた。

（森絵都《もりえと》「クラスメイツ」による）

1 ──線①「けれど、この日は早かった」とあるが、この日の「しほりん」の返事が早かったのはなぜか。十五字程度で書きなさい。〔20点〕

2 ──線②「うん。……ほうがいいと思う」を朗読するときの工《く》夫《ふう》として最も適切なものを、**ア**〜**エ**から一つ選び、記号で答えなさい。〔10点〕

ア 発音に抑揚《よくよう》をつけ、言葉を柔《やわ》らかくつなぐように、軽い口調で読む。
イ 次第《しだい》に語気を強めながら、相手を説得するように、厳しい口調で読む。
ウ ゆっくりと間を取り、言葉をかみしめるように、真剣《しんけん》な口調で読む。
エ 言葉の調子を変えず、相手を突《つ》き放すように、淡々《たんたん》とした口調で読む。
〔　　〕

3 ──線③「夕焼け空が朝焼けみたいに光りかたを変えた」について、次の文のように説明した。**A**〜**C**に入る適切な言葉を、**A**は八字、**B**は九字、**C**は八字で文章中から抜《ぬ》き出しなさい。〔20点×3〕

この情景描写《びょうしゃ》は、「千鶴」の気持ちが変化したことを表している。「千鶴」は、文化系の吹奏楽部に入ったら、いままでの**A**という気がしていた。しかし、「しほりん」の言葉を聞いて、**B**をするより、吹奏楽部に入っていままで以上にがんばることで、**C**自分になろうと思えるようになった。

A
B
C

4 ──線④「すうっと肩から力がぬけた」ときの千鶴の気持ちとして最も適切なものを、**ア**〜**エ**から一つ選び、記号で答えなさい。〔10点〕

ア 失望　**イ** 愉快《ゆかい》
ウ 興奮　**エ** 安心
〔　　〕

7日目

論説文の読解――その1

学習日　　月　　日

整理しよう

■次の文章を読んで、下の問いに答えなさい。〈宮城・改〉

①〔日本では〕玄関《げんかん》の戸が現在では＊引き戸ではなく、ほとんどがドアになった。［A］、欧米《おうべい》と同じようなドアでありながら、欧米と異なっているのは、外開きであることだ。ドアを内開きにすると、玄関で脱《ぬ》いだ靴《くつ》がドアを開いたときに引っ掛《か》かってしまうからである。もちろん、ドアが引っ掛からないほどに広い玄関であれば問題はないのだが、それでも外開きにしているのは、靴脱ぎの習慣があるからだ。

②わたしたちは、靴（履《は》き物）を脱ぐことで、外部から内部に入ったと無意識に感じている。［B］、現在では公共的な建物や商業的な建物では、室内でもほとんどが靴を脱がないようになっている。いわば＊パブリックな場であるとわたしたちは認識《にんしき》している。住まいから一歩外に出ると、パブリックな空間である。それは道路からオフィスや商業施設《しせつ》などへとつながっている。①そうしたパブリック

1 空所を補充《ほじゅう》する

文章中の［A］・［B］に当てはまる言葉として、最も適切なものはどれか。ア〜エから一つずつ選び、記号で答えなさい。

A　ア　だから　イ　しかし　ウ　なぜなら　エ　もし　（　　）

B　ア　あるいは　イ　おそらく　ウ　もちろん　エ　さて　（　　）

解答➡別冊 p.12

2 指示語が指すもの

――線①「そうしたパブリックな空間」とは、具体的にはどのような空間を指しているか。文章中から三つ、抜《ぬ》き出しなさい。

（　　）（　　）（　　）

空所を補充する

空所補充問題では、空所の前後の文の関係をとらえるのが重要。接続語は、働きによって、次のように分類される。

順接　だから・それで
逆接　しかし・けれども
並列《へいれつ》・累加《るいか》　また・そして
対比・選択《せんたく》　または・あるいは
説明・補足　つまり・なぜなら
転換《てんかん》　さて・ところで

指示語が指すもの

重要 指示語は、原則として直前の語句や文を指すが、後ろにくる語句や文を指す場合もあるので注意する。

な空間から帰ってくると、再び、靴を脱ぐ。住まいでは、ほとんどが靴を脱ぐ。したがって、ある住まいから他の住まいへ行くときも、途中《とちゅう》のパブリックな空間は靴を履いて歩いていく。靴はまるで、パブリックな空間を渡っていく船である。

③　わたしたちは、屋外にいても履き物を脱ぐことがある。たとえば、②花見のゴザやそのほかの敷物《しきもの》の上では履き物を脱ぐ。現在では、花見は、段ボールの敷物というのが少なくない。それでも段ボールの上では履き物を脱いでいる。屋外に敷物を敷《し》くことは、日本ばかりではなく、欧米でも行われる。敷物の上で食事をするピクニックのシーンを映画などで目にする。しかし、欧米では敷物の上で靴を脱ぐということはなさそうだ。わたしたち日本人にとっては、段ボールも畳《たたみ》に代わるものとして意識されているのである。敷物一枚であっても、それによってしきられた場所は、ただの屋外ではなく、座敷のようになる。

（柏木博《かしわぎひろし》「「しきり」の文化論」による）

（注）①～③は段落の番号を示す。
＊引き戸…左右に引いて開け閉めする戸。
＊パブリックな…公共的な。

3 内容をつかむ

――線②「花見のゴザやそのほかの敷物の上では履き物を脱ぐ」とあるが、なぜか。その理由を説明した次の文の□に当てはまる言葉を、文章中から七字で抜き出しなさい。

● 日本人にとって敷物は□であり、その上が座敷のように感じられるから。

4 要旨《ようし》をつかむ

上の文章の要旨を述べたものとして、最も適切なものを、ア～エから一つ選び、記号で答えなさい。

ア　欧米の玄関のドアは外開きであるのに対して、日本の玄関のドアは内開きである。

イ　日本では、公共的な場では靴を履き、住まいなどの私的な場では靴を脱ぐ習慣がある。

ウ　日本人は屋外では常に履き物を履いているが、屋内では履き物を脱ぐ習慣がある。

エ　敷物の上で靴を脱ぐ日本人は、敷物の上でも靴を脱がない欧米人よりも清潔である。

（　　）

文章の展開

論説文では、対立する内容を述べて、両方を比較《ひかく》しながら論を進めることが多い。上の文章を整理すると、次のようになる。

①段落
・日本はドアが外開き
↕欧米はドアが内開き

②段落
・日本人は、パブリックな場では靴を脱がない
↕住まいでは靴を脱ぐ

③段落
・日本人は屋外にいても敷物の上では靴を脱ぐ
↕欧米では敷物の上で靴を脱ぐことはなさそう

要旨をつかむ

重要 文章の要旨は、結論部分（文章の初めか終わり）に述べられることが多い。

頭括《とうかつ》型　結論→説明→説明
尾《び》括《かつ》型　説明→説明→結論
双括《そうかつ》型　結論→説明→結論

得点 ／100点

定着させよう

解答➡別冊p.13

■ 次の文章を読んで、あとの問いに答えなさい。 〈茨城・改〉

1 私たちのまわりにある食べ物は、すべてもとをたどれば、植物たちがつくりだすものです。野菜や果物などは、もちろん、植物たちがつくりだすものです。でも、「肉や魚は、植物たちがつくりだすものではない」と思われるかもしれません。

2 しかし、肉は、そのもとをたどると、すべて植物たちがつくりだすものです。[A]、ウシやブタやニワトリは、主に、草を食べたり、植物からできた飼料を食べたりして育ちます。だから、牛肉も豚肉《ぶたにく》も鶏肉《とりにく》も、もとをたどれば、植物たちがつくりだすものといっても、差し支《つか》えありません。[1]

3 魚も、そのもとをたどると、すべて植物たちがつくりだすものです。イワシやサンマは、水中に生きる小さな魚や微小《びしょう》な生き物を食べて、大きくなります。餌《えさ》になる小さな魚や微小な生き物は、水中に生きる「植物プランクトン」という生き物を食べて育ちます。

4 植物プランクトンというのは、その姿をはっきりと観察するには、顕微鏡《けんびきょう》を使わなければならないほどの小さな生き物です。しかし、自分で栄養をつくって「植物的な生き方」をするものです。植物たちの遠い祖先に当たる生き物です。[2]

5 草食であろうと肉食であろうと雑食であろうと、動物は、植物たちがつくった栄養物を食べて生きているのです。「植物たちが、自分の栄養を、自分でつくりだしている」ことや、「動物は、植物的な生き方をするものを食べている」ことを理解すると、よく理解した人ほど、間違《まちが》ってしまう質問があります。

6 それは、「地球上にはじめて生まれた生物は、①『動物的な生き方』をするものか、②『植物的な生き方』をするものか」という質問です。生物が地球上にはじめて生まれたときには、他の生物はいません。ですから、最初の生物は、他の生物のつくった栄養物を食べることはできません。[3]

7 そのため、「地球上にはじめて生まれた生物は、動物的な生き方をすることはできない」と考えられます。とすると、その質問に対する答えは、③「地球上にはじめて生まれた生物は、植物的な生き方をする生物でなければならない」ということになります。[4]

8 [B]、地球上にはじめて生まれたのは、自分で栄養をつくらない、「動物的な生き方」をする生き物だったのです。その答えを知ると、当然のように浮《う》かぶ疑問があります。むしろ、浮かばなくてはおかしい疑問です。

「はじめて生まれた生物は、[C]」というものです。

（田中修《たなかおさむ》「植物は人類最強の相棒である」による）

（注）1〜8は段落の番号を示す。

1 文章中の A ・ B に入る言葉の組み合わせとして、最も適切なものを、**ア**〜**エ**から一つ選び、記号で答えなさい。〔15点〕

ア A たとえば　B ところが
イ A なぜなら　B また
ウ A そして　B すなわち
エ A しかも　B よって

〔　　〕

2 次の一文は、右の文章中の 1 〜 4 のどこに入るか。最も適切なものの番号を書きなさい。〔15点〕

だから、「どんな魚も、植物たちを食べて育つ」といえるのです。

〔　　〕

3 ——線①「動物的な生き方」、②「植物的な生き方」とは、どういう生き方か。それぞれ二十字程度で説明しなさい。〔20点×2〕

①「動物的な生き方」

②「植物的な生き方」

4 ——線③「地球上にはじめて生まれた生物は、植物的な生き方をする生物でなければならない」とあるが、なぜか。その理由の説明として最も適切なものを、**ア**〜**エ**から一つ選び、記号で答えなさい。〔15点〕

ア 地球上にはじめて生まれた生物は、進化が未発達で、とても動物とはいえないものだったから。
イ 生物が地球上にはじめて生まれたときの環境《かんきょう》には、植物の生育を助ける栄養物が豊富にあったから。
ウ 生物が地球上にはじめて生まれたときには、動物の食べ物となる植物プランクトンはまだ少なかったから。
エ 生物が地球上にはじめて生まれたときに他の生物はいないので、動物が生きることは不可能だから。

〔　　〕

5 文章中の C に入る言葉として、最も適切なものを、**ア**〜**エ**から一つ選び、記号で答えなさい。〔15点〕

ア 地球の外からやってきたのではないか
イ どのようにして進化してきたのか
ウ どのように栄養をつくりだしていたのか
エ 何を食べて生きていたのか

〔　　〕

8日目

論説文の読解——その2

学習日　　月　　日

整理しよう

解答➡別冊 p.14

次の文章を読んで、下の問いに答えなさい。〈秋田・改〉

1　日本語と英語間の能動的コミュニケーションであるスピーチを中心に、何が説得力があってよく伝わるコミュニケーションかということについて考えてみたい。一言でいうと、どちらの言語でも、明快な論理と素直な感情が融合していることがポイントだと考える。両者のバランスが重要で、どちらが欠けても、説得力のあるコミュニケーションにはならない。

2　よく指摘されるように、英語は結論を先に言って、その後にbecause（なぜなら）などと言って理由を説明していく。自分の立場をまず前面に押し出して、相手に入ってこさせないスペースを自分の前に作って、主張していくようなイメージがある。

3　日本人はこれが苦手だ。自分の立場を最初に言ってしまうと、対立軸がはっきりしすぎて後で険悪になるのではないかと恐れるのだ。そのため、日本人は、話しながら、相手が自分の言いたいことや立場を

1 キーワード

——線①「屁理屈」はどのようなことを象徴していると筆者は考えているか。次の文の□に当てはまる言葉を、十字以内で書きなさい。

●日本人が□と感じやすいこと。

2 具体的な説明

——線②「友人に説明」とあるが、欧米圏の人に説明した体験を取り上げることで、筆者が読者に伝えようとしたことは何か。最も適切なものを、**ア**～**エ**から一つ選び、記号で答えなさい。

ア　説明を理解してもらうための有効な方法。
イ　説明することに成功した筆者の専門性。
ウ　説明を理解してもらえたことの意外性。
エ　説明するのが難しかったという現実。

（　　）

キーワード

筆者が重要な意味を持たせている言葉をいい、文章の話題や要旨《ようし》をとらえるときの鍵《かぎ》になる。文中に繰《く》り返し出てきて、文章の話題が何であるかを示すことが多く、たとえば上の文章では、「論理」「理屈」が繰り返し出てくるので、これがキーワードになる。

筆者の主張

論説文では、結論として筆者の主張が述べられる。次のような文末表現に着目して、筆者の主張をとらえよう。

＊忖度《そんたく》してくれないかと願っている。

④また、日本人は、主義主張や意見を論理的に主張するのを、うっとうしいと感じる傾向がある。①〈屁理屈〉という言葉がそれを象徴している。そのため、理屈を正しいと思っている欧米圏の人に向け、屁理屈という言葉のニュアンスを伝える英語を探すのは難しい。アメリカ人の②友人に説明しようとして、「日本人は、あまりにも合理的すぎる理由づけは、〝＊難癖《なんくせ》、あら探し〟と言って嫌う」と言ったが、うまく伝わらなかった。

⑤いわゆる欧米人と議論を続けていると、日本人は根気を失いがちだ。交渉の通訳をしていて、日本側の主張のほうが個人的には正しいと思えるのに、いつの間にか、理屈で追い込まれていく場面に出会うことがある。これは「言葉による説得」で鍛え抜かれた文化とそうでない文化の違いゆえかと思うが、このあたりは、国際的な交渉が一段と増えるなかで、日本人が補強していくべき点であろう。相手の理屈には理屈で押し返す、相手の論理の弱点を突くといった訓練が必要で、これを屁理屈には陥らずに、やんわりと鋭くやるのが、日本流ということになるのではないかと思う。

（袖川裕美《そでかわひろみ》「同時通訳はやめられない」による）

（注）①～⑤は段落の番号を示す。

＊忖度…他人の気持ちを予測すること。

＊難癖、あら探し…小さな欠点を見つけ出し、大げさに非難すること。

3 筆者の主張

筆者の主張をまとめた次の文の A・B に当てはまる言葉を、A は五字で、B は六字で、文章中から抜き出しなさい。

●日本人は相手と A ことを心配するため、欧米圏の人のような立場を前面に押し出した議論を苦手としている。これは文化の違いによるものと思われるが、B に向け、補強が必要な点である。今後は、やんわりと鋭くやる、日本流のやり方を身に付けるべきである。

A

B

4 段落の構成

上の文章の段落構成として最も適切なものを、ア～エから一つ選び、記号で答えなさい。

ア ①→②③→④⑤

イ ①→②③④→⑤

ウ ①②→③→④⑤

エ ①②→③④→⑤

（　　）

～と思う（考える）
～と言える
～すべきである
～ではないだろうか

段落の構成

論説文は、次のような構成をとることが多い。

序論＝話題を示す
↑
本論＝具体例を示しながら説明をする
↑
結論＝主張を述べる

本論は、さらにいくつかのまとまりに分かれることもある。

重要 論説文の構成は、次の手順でとらえるとよい。

①序論と結論にあたる段落を見つける。

②残りが本論。さらにその中で段落がいくつに分かれるかを考える。

得点 ……／100点

定着させよう

解答➡別冊p.15

■次の文章を読んで、あとの問いに答えなさい。〈愛知・改〉

1 創造性ということが、*最近では特に高く評価されるようである。せっかく、この世に生まれてきたのだから、何か新しいことを創り出したい。大人になるということも、何かそのような新しい何ものかを、人間の世界にもたらそうとすることだといえるかもしれない。しかし、創造するといっても発明や発見をしたりとか、偉大《いだい》な芸術作品を創り出すことのみをいっているのではない。自分なりの生き方を探《さぐ》ることは、すなわち、創造ではないだろうか。□、われわれの人生そのものが、ひとつの創造過程である、というわけである。

2 創造するためには*イマジネーションが必要である。あれかこれかとこころに想《おも》い描《えが》くことによって、われわれは新しくできあがってくるものの可能性を探ることができる。しかし、それは①単なる願望充足《じゅうそく》の空想であってはだめである。創造につながるイマジネーションと、すぐに消え去ってしまう空想の差は、そこに費《つい》やされる心的エネルギー量の差によって示される。前者の場合は、相当な心的エネルギーを必要とするのである。もっとも、この両者は判然とは区別しがたく、後者のはかない空想が前者の方へと創造的に高められてゆくときもある。（中略）

3 イマジネーションは創造の源泉であるが、それは子どもっぽいこととして価値をおかない人もある。しかし、その子どもっぽいところこそが創造の源泉となるのである。子どもの不安定さに対して、大人の安定性をあまりにも強調するとき、その安定は停滞《ていたい》にもつながるといえるだろう。つまり、毎日毎日きまりきったことを繰《く》り返すだけになってしまって、それを大人と考えるならば、それはまったくつまらないことになってしまう。②大人をそのようにとらえる人は、大人にはなりたくないと考えることもあろう。

4 しかしながら、創造過程を歩むものとしての大人を考えるときは、事態はそれほど単純ではない。このことは、真の大人というものは、その中に子どもっぽさを残している人だ、というふうにはいえないだろうか。ここにいう子どもとは、世の中のことをすべてきまりきったこととは考えずに、あらゆることに疑問をもち、イマジネーションを働かせる存在だということである。

（河合隼雄《かわいはやお》「大人になることのむずかしさ」による）

（注）1～4は段落の番号を示す。
*最近…この文章は一九八〇年代の初めに書かれた。
*イマジネーション…想像。

1

文章中の［　　］に入る最も適切な言葉を、**ア**～**カ**から一つ選び、記号で答えなさい。〔20点〕

ア しかし　**イ** ただし
ウ つまり　**エ** ところで
オ たとえば　**カ** なぜなら

［　　］

2

——線①「単なる願望充足の空想であってはだめである」とあるが、その理由として最も適切なものを、**ア**～**エ**から一つ選び、記号で答えなさい。〔25点〕

ア 心的エネルギー量の大きい空想は、創造活動の妨《さまた》げとなるから。
イ 心的エネルギー量の小さい空想は、創造にはつながりにくいから。
ウ 創造に発展するイマジネーションとただの空想は、判別が難しいから。
エ 創造につながる空想は、願望充足のための空想に比べて、はかないから。

［　　］

3

——線②「大人をそのようにとらえる」とはどういうことか。その説明として最も適切なものを、**ア**～**エ**から一つ選び、記号で答えなさい。〔25点〕

ア 大人とは、自分の中に子どもの頃《ころ》の創造性が残っていても、その価値を認めようとしない存在だと考えること。
イ 大人とは、子どもっぽいイマジネーションを捨て去ることで、高い創造性を身に付けた存在であると考えること。
ウ 大人とは、創造性よりも安定性を重視し、ひたすら型どおりのことを繰り返している存在であると考えること。
エ 大人とは、創造に必要な安定したイマジネーションをもつ点で、本質的に子どもと異なる存在であると考えること。

［　　］

4

筆者は、真の大人とはどういう人だと考えているか。それを説明した次の文の［　　］に入る適切な言葉を、「世の中」「イマジネーション」という言葉を用いて、二十五字以上三十字以内で書きなさい。〔30点〕

真の大人とは、その中に子どもっぽさを残していて、［　　］ことで創造性を保ち続けている人のことである。

25

9日目　詩・短歌・俳句の鑑賞《かんしょう》

学習日　　月　　日

整理しよう

解答➡別冊 p.16

■ 次の詩を読んで、下の問いに答えなさい。〈高知・改〉

針は銀色　　高田敏子《たかだとしこ》

陽当《ひあた》りのよい縁側《えんがわ》に坐《すわ》って
久々に針を運んでいる

針は銀色
針は銀色
歌のように心にくり返しながら
針の光をたのしんでいる

糸を布目にくぐらせる
この小さな道具の
愛らしい働き

一目一目を小さく進んで
小さな一目をくぐりぬける度《たび》に
針は　きらりっと
陽をうけて　光ってみせる

1　詩の主題と表現技法

(1) 筆者の心にとまったものは何か。□に入る最も適切な言葉を、詩の中から三字で抜《ぬ》き出しなさい。

● □の美しさ

(2) 詩の中で用いられている表現について説明した次の各文の□に当てはまる最も適切な語句を、ア〜エから一つずつ選び、記号で答えなさい。

A 第二連では、心の中の気持ちを繰《く》り返して述べる□の表現が、詩にリズムを生んでいる。

B 第三連では、□を用いることによって、余《よ》韻《いん》を残す表現になっている。

C 第四連では、□を使って、小さな針の存在の魅力《みりょく》を印象的に表現している。

ア 体言止め　イ 倒置《とうち》　ウ 擬態語《ぎたいご》
エ 反復

A（　　）B（　　）C（　　）

詩の種類と表現技法

〔種類〕

文語詩…昔の言葉で書かれた詩
口語詩…現代の言葉で書かれた詩

定型詩…音数に一定の決まりのある詩
自由詩…音数に決まりのない詩

〔表現技法〕

・直喩《ちょくゆ》…「〜のような」などを用いてたとえる。
・隠喩《いんゆ》…「〜のような」などを用いないでたとえる。
・擬人法《ぎじん》…人でないものを人に見立てる。
・体言止め…体言で終える。
・倒置《とうち》…語順を入れかえる。
・対句《ついく》…同じ組み立ての語句を並べる。

2 短歌の形式と表現

■次の短歌を読んで、下の問いに答えなさい。

A　夏のかぜ山よりきたり三百の牧《まき》のわか馬耳吹《ふ》かれけり
与謝野晶子《よさのあきこ》

B　風さやさや裾野《すその》の秋の樹《き》にたちぬ阿蘇《あそ》の月夜のその大きさや
若山牧水《わかやまぼくすい》

C　ゆく秋の大和《やまと》の国の薬師寺《やくしじ》の塔《とう》の上なる一ひらの雲
佐々木信綱《ささきのぶつな》

(1)　字余りになっている短歌を一つ選び、記号で答えなさい。（　　）

(2)　A・Bの短歌はそれぞれ何句切れになるか。答えなさい。　A（　　）　B（　　）

(3)　次の鑑賞文はどの短歌のものか。A～Cから選び、記号で答えなさい。

①　同じ音を用いてリズム感を出し、最後に歌を体言で終えて余韻をかもし出している。（　　）

②　近くにある自然の細やかな動きと遠くにある雄《ゆう》大《だい》な自然の風景とを対比させている。（　　）

3 俳句の形式と表現

■次は、俳句について説明した文章である。これを読んで、下の問いに答えなさい。〈北海道・改〉

遠山に日のあたりたる枯野《かれの》かな
高浜虚子《たかはまきょし》

俳句は五・七・五の定型で、この俳句の「枯野」のように季節を表す[①]をよみこむことが基本です。「枯野」は[②]の季節を表し、近景の枯野と日のあたっている[③]の遠景とが対比されています。余韻や感動を表現する方法として、この俳句の「[④]」のように切れ字を用いることがあります。

(1)　[①]・[②]に当てはまる語句を、それぞれ一つずつ選び、記号で答えなさい。

①　ア　隠喩《いんゆ》　イ　対句《ついく》　ウ　季語　（　　）

②　ア　春　イ　夏　ウ　秋　エ　冬　（　　）

(2)　[③]・[④]に当てはまる語句を、ともに俳句から二字で抜き出しなさい。

③［　　］

④［　　］

・擬声語《ぎせいご》…人やものの出す音をそれらしく表す。
・擬態語《ぎたいご》…人やものの動作・様子をそれらしく表す。

短歌の形式と表現

・五・七・五・七・七の定型詩
・字余り・字足らず…定型より音数が多い・少ない。
・句切れ…意味の切れ目。初句切れ・二句切れなど。

俳句の形式と表現

・五・七・五の定型詩
・切れ字…句の切れ目に使われる「や・かな・けり」などの言葉。感動の中心を表す。
・季語…季節を表す言葉。一句に必ず一つ入る。

注意　季語は陰暦《いんれき》（旧暦）に基《もと》づくので、現代の季節感とはずれるものがある。

五月雨《さみだれ》（夏）
七夕《たなばた》・天《あま》の川（秋）
小春《こはる》（冬）

得点　　／100点

定着させよう

解答➡別冊 p.16

1 次の詩を読んで、あとの問いに答えなさい。

広野の花のように　　宮澤《みやざわ》 章二《しょうじ》

だれの胸の内にも恵《めぐ》まれているはずの
思いやりのある心は海のように豊かだから
ほんの少しの気配りであってもいいのだ

だれかがひとりぼっちのとき　声をかける
だれかがころんだとき　手をさしだす
そんな　ちょっとした親切な動作も
広野の花のように明るくかおる日がある

だれも気づかぬこと　に気づくのは尊《とうと》い
だれもが　気づいていながらやらぬことを
思いきってやってみるのは　更《さら》に尊い

ぼくらは　歩く道で迷うことが多いけれど
迷っているまに機会は逃《に》げてしまう

ほんの少しの気配りであってもいいのだ
花のような心を　人に向けてみないか

〈秋田・改〉

(1) この詩の形として最も適切なものを、**ア**～**エ**から一つ選び、記号で答えなさい。〔10点〕

ア 文語定型詩
イ 文語自由詩
ウ 口語定型詩
エ 口語自由詩

〔　　〕

(2) ――線部「歩く道で迷う」とはどうすることか。［　］に当てはまる適切な言葉を十字以内で書きなさい。〔10点〕

日常生活の中で気づいたことを［　］ことをためらう

［　　　　　　　　　　］

(3) 次の文章はこの詩の鑑賞文である。［①］・［②］に当てはまる適切な言葉を、詩の中から①・②ともに六字で抜《ぬ》き出しなさい。〔10点×2〕

「広野の花」とは、野原でよく目にする草花である。人は、ふとしたきっかけでその美しさに気づき、花は「［①］」のである。そうした花と同じように、人がほんの［②］をもって他人に親切にすればよいのにと、筆者は願っている。

① ［　　　　　　］

② ［　　　　　　］

2 次の文章を読んで、あとの問いに答えなさい。〈高知・改〉

いつまでもひとつ悩《なや》みが消えなくて　こころに一本補助線引いた
大津《おおつ》市　野々口和仁

解決の糸口が、なかなか見つからないとき、別の視点を持ち込《こ》むことによって、「あっ、こんなことだったのか」と思えることがある。その喩《たと》えとしての「補助線」が、とても魅力《みりょく》的な一首だ。せっかくなので、①補助線の比喩《ひゆ》が、さらに生きるように、上の句の動詞も工夫《くふう》してみたい。

いつまでもひとつ悩みが解けなくて　こころに一本補助線引いた

②「悩みが解けない」とはあまり言わないが、補助線の比喩があるので、ちょっとひねった表現として成立する。と、同時に、問題がこんがらがっている感じも出せる。ますます補助線の魅力が出てきたので、この語を最大限印象づけるために、□にするのも方法だ。

いつまでもひとつ悩みが解けなくて　こころに一本引いた補助線

（俵万智《たわらまち》「短歌のレシピ」による）

(1) ——線①「補助線の比喩」とあるが、この文章の筆者は「補助線」が何の喩えだと考えているか。それを表した言葉を、文章中から四字で抜き出しなさい。〔10点〕

(2) ——線②「ひねった表現」が表している意味として最も適切なものを、**ア**〜**エ**から一つ選び、記号で答えなさい。〔10点〕

ア 趣向を凝《こ》らした表現
イ 要点をおさえた表現
ウ 主観に流された表現
エ 皮肉を効かせた表現
〔　　〕

(3) 文章中の□に当てはまる言葉として最も適切なものを、**ア**〜**エ**から一つ選び、記号で答えなさい。〔10点〕

ア 対句《ついく》　**イ** 反復　**ウ** 体言止め　**エ** 初句切れ
〔　　〕

3 次の俳句について、授業中にAさんとBさんが話し合っている。①〜③に当てはまる語句として最も適切なものを、あとから一つずつ選び、記号で答えなさい。〈栃木・改〉〔10点×3〕

筍《たけのこ》や雨粒《あまつぶ》ひとつふたつ百　藤《ふじ》田湘子《たしょうし》

Aさん「『筍』は①の季語だね。」
Bさん「『や』という②で、筍を見つけた喜びや驚《おどろ》きが感じられるね。」
Aさん「私は後半の数の並びがおもしろいと思うな。」
Bさん「雨が③様子が伝わってくるね。」

① **ア** 春　**イ** 夏　**ウ** 秋　**エ** 冬　〔　　〕
② **ア** 切れ字　**イ** 体言止め　**ウ** 字余り　〔　　〕
③ **ア** 徐々《じょじょ》に強くなっていく　**イ** 急に強く降ってきた　**ウ** 降ったりやんだりする　〔　　〕

10日目 古典（古文・漢文）の読解

学習日　　月　　日

整理しよう

■ 次の古文を読んで、下の問いに答えなさい。〈宮城・改〉

ある翁《おきな》に、かの人はいかなる人にかととへば、いとよき人なりと答ふ。かれはといへば、よき人といふ。①かならずかれをばあしきといはんを（悪いと言うであろう人）、撰《えら》びてたづねみるに、よき人とこたふ。②いかなる事ぞとたづねしに、人をみるには、まづ十にして五つばかりもよき事あるは、いとよき人とみるべし。十にして一つ二つもよき事あるはよき人なり。十にして皆《みな》あしきをば、あしきと心得たまへといひしとぞ。③こは（これは）人をかく（このように）みるなり。

（「花月草紙《かげつそうし》」による）

解答➡別冊 p.18

1 古文の読解

(1) ——線①「いふ」を現代仮名遣《かなづか》いに直し、その主語をア～エから一つ選び、記号で答えなさい。

ア ある翁　イ かの人
ウ よき人　エ かれ

現代仮名遣い（　　）　主語（　　）

(2) ——線②「いかなる事ぞ」とあるが、この質問に対する答えにあたる部分を本文中から探し、初めと終わりの三字を抜《ぬ》き出しなさい。

□□□ ～ □□□

(3) ——線③「こは人をかくみるなり」とあるが、次の文はこのことを説明したものである。□に入る適切な言葉を十字以内で答えなさい。

● 人をみるときには、その人の□べきだ。

□□□□□□□□□□

古文

〔仮名遣い〕
・ゐ・ゑ・を→い・え・お
・（語頭以外の）は・ひ・ふ・へ・ほ
→わ・い・う・え・お
・ぢ・づ→じ・ず
例なんぢ→なんじ
・くわ・ぐわ→か・が
例くわし（菓子）→かし
・あう・いう・えう
あふ・いふ・えふ
（あ行以外も同様）
→おう・ゆう・よう
例やうなし→ようなし
けふ→きょう

〔主語をさがす〕
注意 古文では主語が省略されることが多い。前後に書かれている人物や動作を表す言葉などから主語をと

■ 次の漢詩を読んで、下の問いに答えなさい。〈群馬〉

＊江楼《かうらう》にて感を書す　趙嘏《てうか》

独リ上レバ江楼ニ思ヒ＊渺然タリ
月光如クレ水ノ水連ナルレ天ニ
同ニ来ツテ＊翫ビシレ月ヲ人ハ何レノ処ゾ
風景＊依稀トシテ似タリ二去年ニ一

独り江楼に上れば思ひ渺然《べうぜん》たり
月光水のごとく水天に連なる
同《とも》に来《きた》つて月を翫《もてあそ》びし人は何《いづ》れの処《ところ》ぞ
風景依稀《いき》として去年に似たり

（注）＊江楼…川辺にある高い建物。
＊渺然…はるかに、果てしないこと。
＊翫…心の慰《なぐさ》めとして愛好する。
＊何処…どこ。
＊依稀…よく似ているさま。

2 漢文の読解

(1) 上の漢詩の形式を、**ア**～**エ**から一つ選び、記号で答えなさい。

ア 五言絶句　**イ** 五言律詩
ウ 七言絶句　**エ** 七言律詩

（　　　）

(2) ‖線部「上レバ江楼ニ」に、書き下し文の読み方になるように返り点を付けなさい。

上レバ江楼ニ

(3) ──線部「風景依稀トシテ似タリ二去年ニ一」の効果を、詩の内容を踏《ふ》まえて説明したものとして最も適切なものを**ア**～**エ**から一つ選び、記号で答えなさい。

ア 去年と変わっていない美しい風景によって、晴れ晴れとした作者の気持ちをたとえている。
イ 変わらなくどこまでも続く風景を描《えが》き、小さなことに悩《なや》む人間のつまらなさと対比している。
ウ 再び去年と同じ風景が見られることを述べ、作者の状況《じょうきょう》にも変化がないことを暗示している。
エ 去年と同じ風景が目の前に広がっていることを述べ、一人残された孤独《こどく》を強調している。

（　　　）

らえる。

〔会話・引用をとらえる〕

重要 会話文をとらえるには、「言ふやう・曰《い》はく」「と・とて」「申す・のたまふ」などの言葉に着目する。

漢文

〔漢詩の形式〕
・五言…一句（一行）が五字
・七言…一句（一行）が七字
・絶句…全部で四句
・律詩…全部で八句

〔返り点の読み方〕
・レ点
…一字上に返って読む。
例 1 3レ 2
・一・二点
…一から二に返って読む。
例 3二 1 2一

重要 漢詩の主題には、次のことがよく詠《よ》まれる。
・遠く離《はな》れた家族や故郷を懐《なつ》かしむ思い
・親友との別れのつらさ
・孤独や年老いた悲しみ

10日目 古典（古文・漢文）の読解

得点　　　／100点

定着させよう

解答➡別冊 p.19

1 次の文章は、「我（私）」が*連歌のつくり手として有名な*摂政殿《せっしょうどの》に強く叱《しか》られた場面の一部である。これを読んで、あとの問いに答えなさい。〈島根・改〉

我（私が）若年《じゃくねん》の頃《ころ》、連歌を稽古《けいこ》しはべりしに（しましたときに）、よくもなき句（できのよくない句）をおほくせんよりは、五句三句なりとも、①我が本意の連歌をすべしと思ひて、句数を少なく申しはべりしを、摂政殿きこしめして（お聞きになって）、「御辺《ごへん》（そなたは）のこの間よき連歌をすべしとて、句数少なくせらるるよし聞きはべり。然《しか》るべからざる事なり（あってはならないことである）。一句二句をみがきて（技巧をこらして）、随《ずい》分よき連歌と存ずれども（思っても）、上の人の目から見れば、まだ初心の田地にて（初心者の段階）、更《さら》に（すこしも）よき句にてはなきなり。されば初心のほどは、いかにも（とにかく）おほく口がろにしもてゆけば（あまり考え込まず詠んでいくと）、自然に上手にもなるなり」と②ことのほか御折檻《ごせっかん》（お叱り）ありし。

（「正徹《しょうてつ》物語」による）

（注）＊連歌…詩歌の形式の一つ。和歌の上の句と下の句を複数の人で交《こう》互《ご》に詠《よ》む。
＊摂政殿…二条良基《にじょうよしもと》のこと。

(1) ＝＝線部「おほくせん」を現代仮名遣《かなづか》いに直しなさい。〔10点〕

〔　　　　〕

(2) ――線①「我が本意の連歌をすべし」とは、ここではどういう意味か。最も適切なものを、**ア**～**エ**から一つ選び、記号で答えなさい。〔10点〕

ア 自分の連歌を人々の記憶《きおく》に残そう
イ 自分の満足がいく連歌を残そう
ウ 自分の本音は隠《かく》した連歌にしよう
エ 自分の真心が伝わる連歌を贈《おく》ろう

〔　　　　〕

(3) ――線②「ことのほか御折檻ありし」とあるが、摂政殿は「我」のどのようなところを叱ったのか。当てはまらないものを、**ア**～**エ**から一つ選び、記号で答えなさい。〔15点〕

ア 摂政殿の教えに納得《なっとく》せず、言うことを聞かないところ。
イ まだ初心者であることがわかっていないところ。
ウ よい句を作るために詠む数を少なくしたところ。
エ 上達するための方法を間違《まちが》えてとらえているところ。

〔　　　　〕

(4) 摂政殿は、連歌を稽古するにあたり、初心者がするべきなの

はどのようなことだと言っているか。二十字以上、三十字以内で書きなさい。〔20点〕

2

次の漢文と解説文を読んで、あとの問いに答えなさい。〈兵庫〉

人魏武《ぎぶ》に一盃《いっぱい》の酪《らく》を餉《おく》る。魏武啗《くら》ふこと少許にして、蓋頭《がいとう》上に合の字を題し、以《もっ》て衆に示す。衆能《よ》く解するもの莫《な》し。次いで楊脩《やうしう》に至る。脩便《すなは》ち啗らひて曰《い》はく、「公は人をして一口を啗らはしめんとするなり。復《ま》た何ぞ疑はん。」と。

〔A〕人餉ル二〔B〕魏武ニ一盃ノ酪ヲ一。魏武啗ラフコト少許ニシテ、蓋頭上ニ題シ二合ノ字ヲ一、〔①〕以テ示ス衆ニ。〔C〕衆莫シ二能ク〔②〕解スルモノ一。次イデ至ル二〔D〕楊脩ニ一。脩便チ啗ラヒテ曰ハク、「〔③〕公ハ教しメントスル三人ヲシテ啗ラハ二一口ヲ一也《なり》。復タ何ゾ疑ハント。」

（「世説新語《せせつしんご》」による）

解説文　ある人が魏の武帝《ぶてい》に酒壺《さけつぼ》一杯の酪（ヨーグルト）を贈《おく》った。武帝は少し食べると、蓋《ふた》の上に「合」という字を書いて、一座の者に見せた。誰《だれ》も何のことかわからなかった。酪は順番に送られ楊《よう》脩《しゅう》のもとに回ってきた。脩はすぐにそれを食べて、「一人一口ずつ食べろということだ。何もためらうことはない。」と言った。

(1) ――線①「以テ示ス衆ニ。」に、書き下し文の読み方になるように返り点を付けなさい。〔10点〕

以テ示ス衆ニ。

(2) ――線②「解」が表す意味と同じ意味の「解」を含《ふく》む熟語として最も適切なものを、**ア**～**エ**から一つ選び、記号で答えなさい。〔10点〕

ア 和解　**イ** 解散
ウ 了解《りょうかい》　**エ** 弁解
〔　　〕

(3) ――線③「公」に該当《がいとう》する人物を、══線A～Dから一つ選び、記号で答えなさい。〔10点〕
〔　　〕

(4) 〰〰線部「脩便チ啗ラヒテ」の行為について説明した文として最も適切なものを、**ア**～**エ**から一つ選び、記号で答えなさい。〔15点〕

ア 武帝が文字に込《こ》めた謎《なぞ》かけを見事に見抜《みぬ》いた行為《こうい》。
イ 武帝の前でとりすましている人々の鼻を明かした行為。
ウ 武帝が一座の者に与《あた》えた酪を無断で食べた行為。
エ 武帝の権威《けんい》を借りて人々に酪を食べるように仕向けた行為。
〔　　〕

第1回 入試にチャレンジ

時間：30分
解答：別冊p.20
得点 ／100点

1 次の文章を読んで、あとの問いに答えなさい。

〈兵庫・改〉

引っ込《こ》み思案であった小学五年生のぼく（枝《え》田《だ》光《みつ》輝《き》）は、クラスメイトの押野《おしの》の影響《えいきょう》で、クラスの飼育委員に立候補しグッピーを飼うことを提案するまでになった。そんなある日、母親から仕事の関係で転校することになると聞かされた。

引っ越《こ》しと転校の話は、椎野《しいの》先生の耳にも入った。ぼくがここにいられるのは、夏休みがはじまるまでということだった。あと少ししかないから、思いきりa後悔しないようにたのしもう、という考えには、どうしても至らなかった。逆に、あと少ししかないから、もういいんだ、と思ってしまった。

少し前のぼくに戻《もど》ったと思えばいいんだ。えだいちというあだ名や草野球や飼育委員なんて、全部うそだったんだ。ぼくはしょせん、だれからも気付かれない幽霊《ゆうれい》みたいな子どもで、それが本来の自分だったんだから、また元に戻るだけなんだと考えるようにした。

ぼくは三丁目の空き地に行かなくなった。これからはもう二度と行けなくなるんだから、早いうちにbナれておこうと思った。①ぼくは子どもらしい純粋《じゅんすい》さと単純さで、自分が少しでも傷つかないほうを選んでいた。

「えだいち、どうしたんだよ。元気ねえなあ」

押野は陽気に接してくれたけど、ぼくは頑《かたく》なだった。押野とのたのしい思い出を、もうこれ以上ひとつも増やしたくなかった。押野のお姉さんが、新しいデザートを作ってぼくを誘《さそ》ってくれたけど、ぼくは首を振《ふ》った。

この短かったたのしいときを、早く忘れてしまいたかった。グッピーは子どもを産んだけど、あとのことは亀山《かめやま》さんと二人組に任せた。親とべつにするのが遅《おそ》くなって、赤ちゃんのうちの何匹《なんびき》かは、親に食べられてしまった。飼育委員はもちろんだったけど、クラスメイトみんなが悔《くや》しがって悲しんだ。でもぼくは、②親に食べられてしまった赤ちゃんグッピーのことをいい気味だと思ったし、理由はわからないけど、うらやましくも感じた。そして、ぼくは最低な人間なんだな、と自分のことをどこか冷ややかに眺《なが》めていた。

押野以外の友達は、ぼくを避《さ》けるようになった。あたりまえだ。ぼくが口をきかないからだ。ぼくはやっと覚えたクラスメイトの顔と名前を記憶《きおく》から全部消したかった。押野は、辛抱《しんぼう》強くぼくに話しかけてくれた。毎日のように三丁目に誘ってくれた。ぼくは唇《くちびる》をかんで、首を横に振り続けた。バットとひび割れたグローブは、押《お》し入れの奥《おく》にしまった。

「枝田くん。ちょっといいかしら」

ある日、椎野先生に呼ばれた。③教室から職員室までのリノリウムの廊下《ろうか》は、おそろしく無機質で、ひどく冷たかった。

「お母さんから聞いたわ」

椎野先生の言葉は、まったくぼくとは関係なかった。ぼくは椎野先生の「えがお顔」をじっと見た。仕方がないことを、大人は容赦《ようしゃ》なく聞いてくるのだ。

（椰月美智子《やづきみちこ》「しずかな日々」による）

(1) ═══線aの漢字の読みをひらがなで、═══線bのカタカナを漢字で書きなさい。【5点×2】

a [　　　]　b [　　　]れて

(2) ───線①「ぼくは子どもらしい純粋さと単純さで、自分が少しでも傷つかないほうを選んでいた」とあるが、「ぼく」が「自分が少しでも傷つかないほうを選んでいた」ことは、「ぼく」の態度のどのようなところに現れているか。その説明として最も適切なものを、**ア**〜**エ**から一つ選び、記号で答えなさい。【10点】

ア　友達に避けられるようになって元気をなくしている自分のことを気にかけてくれる押野を心配させまいと、押野の誘いをわざとはねつけ、強がってみせているところ。

イ　押野が気遣《きづか》ってくれていることはわかっているが、その厚《こう》意《い》を受け入れてしまうといっそうつらい思いをすることになると考え、拒絶《きょぜつ》しているところ。

ウ　押野がいつもと変わらず野球に誘ってくれるのはありがたいが、転校してしまうとかえって押野に寂《さび》しい思いをさせると気を回して応じようとしないところ。

エ　元気をなくしている理由を聞きたがる押野の陽気さがしゃくにさわり、人の気持ちを察することができない押野の質問に意地でも答えようとしないところ。

[　　　]

(3) ───線②「親に食べられてしまった赤ちゃんグッピーのことをいい気味だと思ったし、理由はわからないけど、うらやましくも感じた」とあるが、「ぼく」がこのような気持ちになった理由を、次のように説明した。[A]・[B]に入る適切な言葉を、[A]は二十字以内、[B]は十五字以内で書きなさい。【10点×2】

赤ちゃんグッピーが親に食べられてしまったことをいい気味だと思ったのは、転校する自分にとっては[A]と思ったからであり、うらやましく感じたのは、食べられた赤ちゃんグッピーが[B]からである。

A [　　　]

B [　　　]

(4) ——線③「教室から職員室までのリノリウムの廊下は、おそろしく無機質で、ひどく冷たかった」という表現についての説明として最も適切なものを、**ア**〜**エ**から一つ選び、記号で答えなさい。〔10点〕

ア 押野が、元気がない「ぼく」のことを心配して先生に相談したのではないかという「ぼく」の疑念を誇張《こちょう》している。

イ 「ぼく」が転校することは先生の耳にも入っているはずなのに、知らないふりをして呼び出す先生への不信感を強調している。

ウ 職員室へ向かう廊下ですれ違《ちが》うときに、「ぼく」に対して冷たい視線を向ける友達の様子を客観的に描写《びょうしゃ》している。

エ 友達との関係やクラスでの振る舞《ま》いについて先生から問いただされることを想像した「ぼく」の沈《しず》んだ気持ちを暗示している。

2

次の文章は、将棋《しょうぎ》の名人にまつわる話について書かれたものである。なお、将棋とは、二人が将棋盤《ばん》を挟《はさ》んで向かい合い、盤面に置かれた駒《こま》を交互《こうご》に指す（動かす）ことで攻《せ》め合う遊戯《ゆうぎ》である。これを読んで、あとの問いに答えなさい。〈香川〉

近世、将棋といふものに、その名高き宗桂《そうけい》といへる人、常にまだいと*未錬《かたなり》なる若輩《わかうど》を敵《かたき》にして、終日終夜、明くるも知らず指されけるに、その弟子《でし》ども思ふやう、さばかりの者を敵にては、われらだに飽《あ》き疲《つか》れて、一日といへどもえ指さざるを、吾《わ》が*大人《うし》は日々にかの*悪者《わろもの》どもと指し給《たま》ひて、飽き給へる色も見えぬはいかなる心にかとて、ある時①そのよしを問ひけるに宗桂答へていはく、しか思ふは却《かへ》りて*汝等《いましら》がまだしき心なり。*なまじひに手を知りたる者は、②いつもさだまれる手の外は指さざるを、かのまだしき悪者は、*おのが随意《まにま》に指すめるより、その悪き手の中に、まれまれめづらしき指しざまのまじれる事あり。それを得て楽しぶなりといへり。

（「待問雑記《たいもんざっき》」による）

（注）*未錬なる…技量の未熟な。
*大人…先生。
*悪者ども…技量の未熟な者たち。
*汝等がまだしき心…おまえたちの不十分な心。
*なまじひに手を知りたる者…中途半端《ちゅうとはんぱ》に将棋の指し方（戦術）を知っている者。
*おのが随意に指すめるより…自分の思いに任せて指しているようなので。

(1) ══線部「いへる」を現代仮名遣《かなづか》いに直しなさい。〔5点〕

(2) ――線①「そのよしを問ひけるに」とあるが、弟子たちはどのようなことに疑問を持ち、その理由を尋《たず》ねたのか。それを説明した次の文の□に当てはまる言葉を、五字以内で書きなさい。〔10点〕

宗桂が、毎日、夜の明けるのも気がつかずに、技量の未熟な者たちと将棋を指しても、□様子も感じられないこと。

(3) ――線②「いつもさだまれる手の外は指さざる」とあるが、これはどういう指し方をすることか。最も適切なものを、**ア**〜**エ**から一つ選び、記号で答えなさい。〔5点〕

ア 普段《ふだん》よりも優《すぐ》れた指し方をすること。
イ 常に一風変わった指し方をすること。
ウ 普段と全く違った指し方をすること。
エ 常に型に基《もと》づいた指し方をすること。

(4) 文章中には、宗桂の言った言葉があるが、それはどこからどこまでか。初めと終わりの三字を抜《ぬ》き出しなさい。〔完答10点〕

□〜□

(5) 文章中で述べられている宗桂の考えとして最も適切なものを、**ア**〜**エ**から一つ選び、記号で答えなさい。〔10点〕

ア 将棋において相手は関係なく、対局経験を積めば積むほど強くなるので、自ら率先《そっせん》して対戦を申し込《こ》むべきである。
イ 将棋において技量の未熟な者との対戦では、たまに今まで見たことのない指し方に出会うので、新しい発見がある。
ウ 将棋において勝ちたいと思えば、上手な人の指し方をまねながら、最終的には独自の指し方を見つけるべきである。
エ 将棋において上手な者と対戦すると、自分も自然と正しい指し方になるため、未熟な者にとって大いに勉強になる。

3

「身体」と上下の文字の意味のつながり方が同じ熟語を、**ア**〜**エ**から一つ選び、記号で答えなさい。〔5点〕〈香川〉

ア 再会　**イ** 日没《にちぼつ》
ウ 着席　**エ** 増加

4

次の文中の「届い」と活用形が同じものを、**ア**〜**エ**から一つ選び、記号で答えなさい。〔5点〕〈茨城〉

A中学校からアンケートの結果が届いた。

ア 最近、雨が降らない。　**イ** 楽しいと思うらしい。
ウ 旅人に道を聞かれた。　**エ** 美しい字を書きたい。

第2回 入試にチャレンジ

時間：30分
解答：別冊p.22

得点 ／100点

1 次の文章を読んで、あとの問いに答えなさい。 〈新潟・改〉

本というのは時間でできていて、読書というのは本のもつ時間の使い方だというふうに考えることがあります。本のもつ時間は人のもつ人生の時間とはちがう。限られた時間でしかない人の人生の時間とはちがい、本のもつ時間は限られることのない時間です。

限られることのない時間をもつ本を、人生という限られた時間しかもっていないものが読む。そのことを読書というのであれば、読書というのは限られた時間しかもたない人にとって、どうあってもきわめて限りある行為《こうい》にすぎません。

すなわち、①すべてを読むことなどできないということが、読むということのはじまりにほかならないのが読書であり、一人一人にとっては、読む本、読んだ本というのは、読まない本、読まなかった本に到底《とうてい》およぶべくもない、②至極《しごく》ささやかなものにすぎません。

読むべき本、読んだ本の嵩《かさ》によってでなく、むしろ、読まない本、読まなかった本のa膨大さによって、本という文化、読書という文化はつくられてきました。本がつくってきた世界は、言うなれば、山なす不読の本によってできてきた世界であると言っていいかもしれません。

本のつくってきた世界の豊饒《ほうじょう》さというのは、読まれる本によってより、むしろ圧倒《あっとう》的に、読まれなかった数知れない本によって、つねに豊饒であり、豊饒でありえてきた世界だったからです。読まれない本、読まれなかった本なしに、本の世界はなかった。

本という文化、読書という文化は、③そのような逆説的な本質によってゆたかにされてきた文化であり、そうした逆説的な本質が見失われれば、本という文化、読書という文化が人間のもつ限られた時間にもたらしてきた、或《あ》るゆたかな感覚もまた確実に失われます。

本という文化、読書という文化が人のもつ限られた時間にもたらしてきたのは、人のもつ限られた時間をことさらにゆっくり感覚させるような仕掛《しか》け、あるいはbユメだったと言っても、まちがいではないでしょう。

本という文化、読書という文化の特性は、ゆっくり、ということです。

（長田《おさだ》弘《ひろし》「本を読む。ゆっくり読む。」による）

(1) ‖線aの漢字の読みをひらがなで、‖線bのカタカナを漢字で書きなさい。 〔5点×2〕

a

b

(2) ――線①「すべてを読むことなどできない」とあるが、読書においてすべての本を読むことができないのはなぜか。その理由を簡潔に説明した一文を文章中から探し、その初めの五字を抜《ぬ》き出しなさい。〔10点〕

(3) ――線②「至極」の意味として最も適切なものを、**ア**～**オ**から一つ選び、記号で答えなさい。〔10点〕

ア たしかに　**イ** ほんの

ウ このように　**エ** この上なく

オ どうしても

(4) ――線③「そのような逆説的な本質」とはどういうことか。三十字以内で書きなさい。〔15点〕

(5) この文章の内容を説明したものとして最も適切なものを、**ア**～**エ**から一つ選び、記号で答えなさい。〔10点〕

ア 本という文化、読書という文化の特性が、人生の時間をとりわけゆっくりと感じさせていることを説明している。

イ 有限な人生の時間と無限な本の時間を比較《ひかく》することで、本という文化、読書という文化の優位性を説明している。

ウ 生きている間に読める本と読めない本の量を比較することで、人生という限られた時間がいかに尊《とうと》いかを説明している。

エ ゆっくり生きるための条件は、本を読むことであることを、筆者の主観ではなく、客観的な事実だけで説明している。

2

次の――線部の慣用句のうち、使い方が適切なものを、**ア**～**エ**から一つ選び、記号で答えなさい。〈兵庫〉〔10点〕

ア 彼女は気がおけない友人なので、二人でいるのは苦手だ。

イ 失言に気を付けないと、彼の二の舞《まい》を演じることになるよ。

ウ 水泳大会の直前に急に練習を始めても立て板に水で効果はない。

エ 先生が受賞されたことを他山の石として、私も研究に励《はげ》みます。

3

次の漢詩は、江戸《えど》時代後期の漢学者・草場《くさば》佩川《はいせん》のものである。これを読んで、あとの問いに答えなさい。〈大分・改〉

山行示ス二同志ニ一

①路《みち》ハ入ツテ二羊腸ニ一滑ラカニ二*石《せき》苔《たい》一
*風ハ従《よ》リシテ鞋《あい》底《てい》掃《はら》ツテ雲ヲ廻《めぐ》ル
登ルハレ山ニ*恰《あたかも》似《に》タリ書生ノ業
②一《いっ》歩《ぽ》歩《ほ》高クシテ光景開ク

（「佩川詩鈔《ししょう》」による）

〈書き下し文〉

山行同志に示す

路は羊腸に入つて石苔滑らかに
風は鞋底よりして雲を掃つて廻る
山に登るは恰も似たり書生の業
一歩歩高くして光景開く

（注）＊石苔…石の上に生えた苔《こけ》。
＊風従鞋底掃雲廻…風は足下から吹《ふ》き起こり、雲をはらうようにして山肌《やまはだ》を吹きめぐる。
＊恰似書生業…ちょうど学生が勉学に励《はげ》むことに似ている。

(1) この漢詩の形式を漢字四字で書きなさい。〔5点〕

(2) ＝＝線部に、書き下し文の読み方になるように返り点を付けなさい。〔10点〕

風ハ従《よ》リシテ鞋《あい》底《てい》掃《はら》ツテ雲ヲ廻《めぐ》ル

(3) ――線①について、山道の様子を説明したものとして最も適切なものを、ア～エから一つ選び、記号で答えなさい。〔10点〕

ア 山道は広く緩《ゆる》やかで、石の上の美しい苔が心をなごませる。
イ 山道は行き止まりになっており、辺りに苔むした石がある。
ウ 山道は日当たりがよく、石に生えた苔がきらきら光っている。
エ 山道は曲がりくねり、石の上の苔ですべりやすくなっている。

(4) ――線②について説明した次の文の［　］に入る適切な言葉を、漢詩を踏《ふ》まえて、五字以内で書きなさい。〔10点〕

この一節は勉学に励むことを［　］ことにたとえて、一歩一歩高みを目指すことの大切さを述べている。

Σ BEST シグマベスト

高校入試 10日でできる！

中学3年分まるごと総復習 国語

解答・解説

得点チェックグラフ

「定着させよう」「入試にチャレンジ」の得点を，下の棒グラフを使って記録しよう。得点が低かった単元は「整理しよう」から復習して弱点をなくそう。

	0	10	20	30	40	50	60	70	80	90	100(点)
1日目 漢字――読み書きと知識											
2日目 熟語の成り立ち／ことわざ・慣用句											
3日目 文の成分と組み立て／自立語											
4日目 付属語（助動詞・助詞）／敬語・表現											
5日目 小説文の読解――その1											
6日目 小説文の読解――その2											
7日目 論説文の読解――その1											
8日目 論説文の読解――その2											
9日目 詩・短歌・俳句の鑑賞《かんしょう》											
10日目 古典（古文・漢文）の読解											
●第1回 入試にチャレンジ											
●第2回 入試にチャレンジ											

文英堂

1日目 漢字――読み書きと知識

整理しよう 解答

1
(1) てんかい　(2) そっちょく　(3) ていさい　(4) かんげい
(5) ゆかい　(6) ちんちょう　(7) すこ　(8) おもむ
(9) す　(10) のぞ　(11) ほどこ　(12) くわだ

2
(1) 尊敬　(2) 招待　(3) 博覧　(4) 潮流　(5) 供給
(6) 系統　(7) 吸　(8) 養　(9) 延　(10) 垂
(11) 帯　(12) 唱

3
(1) ① 納　② 治　③ 収　④ 修
(2) ① 犯　② 冒　③ 侵
(3) ① 裁　② 断　③ 絶

4
(1) ① 保証　② 保障　③ 補償
(2) ① 開放　② 解放　③ 快方
(3) ① 対称　② 対象　③ 対照

5
(1) **イ**　(2) **イ**　(3) 演

定着させよう 解答

1
(1) いけい　(2) あいまい　(3) てんさく
(4) しょくぼう　(5) とうしゅう　(6) そうかい　(7) ちせつ
(8) こうけん　(9) つい　(10) つの　(11) つくろ
(12) く　(13) さぐ　(14) もよお　(15) かえり
(16) あこが

2
(1) 腹筋　(2) 簡潔　(3) 確信　(4) 操縦　(5) 秘策
(6) 維持　(7) 訂正　(8) 委　(9) 染　(10) 編
(11) 慣　(12) 推　(13) 奮　(14) 節

3
(1) 営む　(2) 耕す　(3) 暖かい　(4) 幼い　(5) 勢い

4
(1) **エ**　(2) **エ**　(3) **イ**　(4) **イ**　(5) **ア**　(6) **エ**

5
(1) **イ**　(2) **エ**

6
エ

7
ア

8
部首名　ころもへん　同じ画数になる漢字　**ウ**

解説

1
(1)「畏敬」は「おそれ敬う」という意味。
(4)「嘱望」は「人の将来に望みをかける」という意味。

2
(3) この「確信」は「確かだと信じる」こと。同音で「革新」「核心」もあるので注意する。

3
(1)〜(4) **動詞・形容詞は活用語尾《ごび》を送るのが原則**（(3)は例外の一つ）。
(5) **名詞は送りがなを付けないのが原則だが、例外として最後の音節を送るものがある。**これはその一つ。

4
(1)「執筆」(2)「欠如《じょ》」(3)「着席」という熟語から判断する。
(4)「照会」は、「問い合わせて確かめる」という意味。

5
(1) 不思議　**ア**「技巧」　**イ**「議決」　**ウ**「講義」　**エ**「半信半疑」
(2) 就航　**ア**「修復」　**イ**「観衆」　**ウ**「収束」　**エ**「去就」

6
「練」の部首は「いとへん」。**ア**「読」は「ごんべん」、**イ**「祖」は「しめすへん」、**ウ**「録」は「かねへん」。**エ**「績」は「いとへん」。

7
「登」と**ア**「税」は十二画。**イ**「郵」、**ウ**「路」、**エ**「救」の画数も調べておこう。

8
楷書《かいしょ》では「複」、部首は「ころもへん（衤）」、画数は十四画。

2日目 熟語の成り立ち／ことわざ・慣用句

整理しよう 解答

1 (1) ①エ ②イ ③ア ④イ ⑤イ
(2) ①エ ②ウ ③ア ④エ

2 (1) 永久 (2) 美点 (3) 了解

3 (1) 否定 (2) 破壊［模倣《もほう》］ (3) 複雑

4 (1) 馬 (2) すっぽん (3) 千 (4) 一 (5) 地

5 (1) 舌 (2) 鼻 (3) 頭

6 (1) エ (2) オ

定着させよう 解答

1 (1) 形 (2) 出

2 ウ

3 (1) 東・西 (2) 田・水

4 (1) エ (2) エ

5 ウ

6 (1) エ (2) ア

7 (1) ア (2) イ

8 ウ

9 エ

解説

1 (1) 「人形」「形式」「形相《ぎょうそう》」「定形」ができる。
(2) 「門出《かどで》」「出現」「出口」「外出」ができる。
訓読みを使うことに気づくかどうかがポイント。

2 熟語の頭につける否定の語は「**不・無・未・非**」などがある。できる熟語は「**無**関心」「**不**安定」「**非**公式」「**無**条件」「**未**解決」。

3 (1) 「東奔《とうほん》西走」は「あちこちと忙《いそが》しく駆《か》け回る」という意味。
(2) 「我田《がでん》引水」は「自分の都合のいいように言ったり、物事を進めたりする」という意味。

4 (1) 正解は「自由自在」で、「思いのままにできるさま」の意味。「以心伝心」「十人十色」「右往左往」の意味も要チェック。
(2) 正解は「千載一遇《せんざいいちぐう》」で、「千年に一度しかないほどまれな良い機会」。「一喜一憂《いちゆう》」「海千山千」「一念発起《ほっき》」も調べてみよう。

5 正解は「一心不乱」で「一つの事に心を集中して乱れないさま」。「才色兼備《けんび》」は「才能と容色（顔かたち）を兼《か》ね備えているさま」、「表裏《ひょうり》一体」は「表と裏が、根本では一体になっていること」、「変《へん》幻《げん》自在」は「自分の思うままに姿を変え、幻《まぼろし》のように消えること」。

7 (1) 「頭の（が）痛い」は「心配したり、悩《なや》んだりしているさま」。「無理な依頼《いらい》」とあわせて考えるとこれが正解。「鼻が高い」は「得意であるさま」、「耳を疑う」は「聞いたことが信じられないさま」、「目に余る」は「見ていられないほどひどいさま」、「肩《かた》を持つ」は「ひいきをする」という意味。
(2) 「昨日の敵が今日の友になる」は「人の心は変わりやすいこと」。「相手との関係」に関係するのはこれ。

8 「固唾《かたず》を飲む」は「息を殺して成り行きを見守るさま」を表す。

9 **「役不足」は「能力に比べて、与《あた》えられた役目が軽すぎること」**。「役目に対して能力が不足している」という意味ではない。

3日目 文の成分と組み立て／自立語

整理しよう 解答

1 (1) ① 人間の／営みから／最も／遠い／領域と／いえる。
② 朝から／ずっと／雨が／降って／いる。
③ 新発売の／商品を／試しに／使って／みた。
④ この／計画は／きっと／うまく／いくだろう。
(2) ① 五 ② 七 ③ 十

2 (1) ① イ ② ウ ③ オ ④ ア ⑤ エ
(2) 兄も

3 (1) エ (2) イ (3) ウ (4) ア

4 (1) 連体詞 (2) 副詞 (3) 名詞 (4) 接続詞 (5) 感動詞

5 (1) ① ア ② イ ③ エ
(2) ① ウ ② イ ③ ア

定着させよう 解答

1 (1) 四 (2) 八 (3) 八

2 (1) エ (2) エ

3 イ

4 (1) やめて (2) なかったなら (3) 言えない

5 エ

6 ア

7 ア

8 ア

9 ア

10 イ

11 ウ

解説

1 **文節は、意味がわかる範囲《はんい》で区切る。**

ポイント **「ネ」を入れて意味が通るかどうか調べればよい。**

(2) (1) 足のネ／痛みはネ／なかなかネ／おさまらなかった。
(2) 外国では、ネ／全くネ／予想もネ／しなかったネ／ことをネ／感じるネ／ことがネ／ある。
(3) 個々のネ／単語のネ／意味はネ／知らなくてもネ／文意はネ／わからないネ／わけではネ／ない。

2 **動詞の部分がどこまでかを見きわめる。**

(1) 選ば｜れ｜まし｜た
← 選ぶ ← れる ← ます ← た

(2) 冷やさ｜せ｜…「冷や／させ」と間違《まちが》わないように注意する。
← 冷やす ← せる

3 「おれも」は、「おれは」と置き換《か》えられるので主語になる。

ア 「雨さえ」…「雨が」と置き換えられるので主語。
イ 「コーヒーは」…「コーヒーを」と置き換えられるので修飾《しゅうしょく》語。
ウ 「花が」…「〜が」なので主語。
エ 「彼こそ」…「彼が」と置き換えられるので主語。

ポイント **「〜が」「〜は」だけでなく、「〜も」「〜さえ」「〜こそ」なども主語になる。**

4 **意味のつながるところはどの部分になるかを考える。**

(1) ふと話すのをやめて

「ふと」は副詞なので、用言を修飾する。

(2) もし地球の周りにオゾン層がなかったなら

「もし」は、「もし～なら（たら）」のような形で、仮定や条件を表す。

(3) 必ずしも万能とは言えない原理に基《もと》づいている

「必ずしも」は、「必ずしも～ない」のように、打ち消しの言葉があとにくる。

5 「張る」は動作を表すので動詞。**それぞれの文の述語の品詞を調べる。**

ア 「素早《すばや》かった」…終止形は「素早い」で、「い」で終わるのは形容詞。

イ 「小説です」…「です」は助動詞。

ウ 「にぎやかだ」…終止形が「だ」で終わるのは形容動詞。

エ 「包まれた」…「包む」は動作を表すので動詞。

6 **動詞の活用の種類は、「ない」をつけて活用語尾《ごび》を調べる。**

「あふれる」「あふれない」…エ段になるので下一段活用。

ア 「寝《ね》る」「寝（ね）ない」…エ段になるので下一段活用。

イ 「昇《のぼ》る」「昇らない」…ア段になるので五段活用。

ウ 「来る」…カ行変格活用。一語しかないので覚える。

エ 「起きる」「起きない」…イ段になるので上一段活用。

7 **「ない」をつけて未然形にし、活用語尾を調べる。**

ア 「つける」「つけない」…エ段になるので下一段活用。

イ 「残す」「残さない」…ア段になるので五段活用。

ウ 「なる」「ならない」…ア段になるので五段活用。

エ 「運ぶ」「運ばない」…ア段になるので五段活用。

8 **動詞の活用形は、活用語尾やあとに続く語から判断する。**

ア 「思います」…「思う」の連用形。

イ 「行こう」…「行く」の未然形。

ウ 「いわれ」…（「いわない」と同じ形なので）「いう」の未然形。

エ 「知らない」…「知る」の未然形。

9 「貴重な」は、終止形が「貴重だ」となるので形容動詞。

ア 「いろんな」…活用せず、あとに続く名詞「やり方」を修飾しているので連体詞。

イ 「元気な」…「元気だ」と活用するので形容動詞。

ウ 「にぎやかな」…「にぎやかだ」と活用するので形容動詞。

エ 「緩《ゆる》やかな」…「緩やかだ」と活用するので形容動詞。

10 「ますます」は、用言を含《ふく》む文節「きた」を修飾するので副詞。

ア 「あらゆる」…活用せず、体言「人々」を修飾するので連体詞。

イ 「ゆっくり」…活用せず、動詞を含む文節「走って」を修飾するので副詞。

ウ 「穏《おだ》やかに」…「穏やかだ」と活用するので形容動詞。

エ 「素早く」…「素早い」と活用するので形容詞。

ポイント **①活用するかどうか、②用言と体言のどちらを修飾するか、によって品詞を見分ける。**

11 副詞は活用せず、主に用言を修飾する。

ア 「仕方なく」…「仕方ない」と活用するので形容詞。

イ 「いかなる」…活用せず、体言「状況《じょうきょう》」を修飾するので連体詞。

ウ 「全然」…用言を含む文節「いかなかった」を修飾するので副詞。

エ 「静かに」…「静かだ」と活用するので形容動詞。

4日目 付属語（助動詞・助詞）／敬語・表現

整理しよう 解答

1 (1) ア (2) イ
2 (1) イ (2) ア
3 (1) ① ア ② イ ③ ア ④ イ ⑤ ウ
(2) イ
(3) ① うかがいたい［参りたい］ ② いただき
4 (1) つけたいからだ (2) さ

定着させよう 解答

1 (1) エ (2) イ (3) ウ (4) エ (5) イ
2 ア
3 イ
4 ① ○ ② ア
5 いただき［頂戴《ちょうだい》し］
6 入れている
7 ながめのすばらしさに（10字）

解説

1 一つずつ品詞を確認《かくにん》していくのが、結局は近道になる。
(1) 「『手段』ではない」の「ない」は、「ぬ」に置き換《か》えられない。「ない」の前に「は」が入っているので、「ない」は補助形容詞。
ア 「わからぬ」と置き換えられるので助動詞。
イ 「その本は、ない」という形の述語になっているので、形容詞。
ウ 「情けない」という形容詞の一部。
エ 「も」の代わりに「は」を入れて「降りそうにはない」となるので、補助形容詞。
(2) 「母親らしい」で一語になるので、「らしい」は形容詞の一部。
ア 「晴れる」という自立語（動詞）に付き、推定の意味を表すので、助動詞。
イ 「彼女らしい」で一語になるので、形容詞の一部。
ウ 「すぐ」という自立語（副詞）に付き、推定の意味を表すので、助動詞。
エ 「得意」という自立語（形容動詞「得意だ」の語幹）に付き、推定の意味を表すので助動詞。

▶「らしい」の見分け方
・推定の助動詞「らしい」
…自立語（主に動詞・形容詞・形容動詞・体言）につく。
例 この本はおもしろいらしい。
・形容詞の一部 …「〜らしい」で一語になる。
例 秋らしい天気になった。＝「秋らしい」の一部

(3) 「飛んだ」は過去の意味を表すので、「だ」は過去の助動詞「た」の濁音《だくおん》化。
ア 「きれいだ」という形容動詞の一部。
イ 「日」という体言に付くので、断定の助動詞「だ」。
ウ 「こいだ」は過去の意味を表すので、過去の助動詞「た」の濁音化。
エ 「来る」という用言に付くので、助動詞「そうだ」の一部。

▼「だ」の見分け方

・断定の助動詞「だ」…主に体言に付く。
例 彼は有名なサッカー選手だ。
・形容動詞の一部…「〜だ」で一語になる。
例 お寺の境内《けいだい》は静かだ。＝「静かだ」の一部
・過去の助動詞「た」の濁音化　…動詞の連用形に付く。
例 プールで百メートル泳いだ。
・助動詞「ようだ」「そうだ」の一部　…主に用言に付く。
例 週末に台風が来るそうだ。＝「そうだ」の一部

(4)「黒板に」の「に」は、場所を表す格助詞。
ア「豊富だ」という形容動詞の一部。
イ 比喩《ひゆ》の助動詞「ようだ」の連用形の活用語尾《ごび》。
ウ 時刻を表す格助詞。
エ 場所を表す格助詞。

▼「に」の見分け方

・格助詞　…場所・時刻・相手・目的などを表す。体言に付くことが多い。
例 公園に行く。＝場所を表す
・形容動詞の活用語尾　…「〜だ」と言い換えられる。
例 花をきれいに生ける。＝「きれいだ」の一部
・助動詞「ようだ」「そうだ」の連用形の活用語尾
例 チョウのように舞《ま》い踊《おど》る。＝「ようだ」の一部

(5)「人生というものは」と置き換えられるので、「の」は体言の代用。
ア 自立語「プラスチック」に付き、体言「コップ」を修飾《しゅうしょく》するので、連体修飾語。
イ「奥《おく》にあるものを」と置き換えられるので、体言の代用。
ウ 体言「一昨年」に付き、体言「夏」を修飾するので、連体修飾語。
エ「彼女が」という主語の意味を表すので、格助詞。

2
助詞「で」を見分ける問題。単語の一部の場合もあるので、注意が必要。
① 「調べよう」にかかるので、手段を表す格助詞。
② 「出かけた」にかかるので、手段を表す格助詞。
③ 接続語になるので、接続助詞「ので」の一部。
④ 「で」の前に体言「お茶」があり、飲むものの例を示しているので、例示の副助詞「でも」の一部。

3
相手が先生なので、尊敬語を用いる。「見る」の尊敬語を用いた「ご覧になって」が正しい。**ア**の「お見せになって」は「見せる」の尊敬語なので、先生が見るという文脈に合わない。**ウ**の「拝見」と**エ**の「お目にかけて」は謙譲《けんじょう》語なので不適切。

4
「伺《うかが》う」は「行く」「来る」「聞く」の謙譲語。
① **生徒の動作**なので、謙譲語「伺う」が正しい。
② 「進行状況《じょうきょう》について伺いました」とあるので、この「伺う」は「聞く」の謙譲語。ここは**「校長先生」の動作**なので、謙譲語を使うのは誤り。「聞く」の尊敬語を用いるため、**ア**「お聞きになり」を選ぶ。

ポイント **敬語は、誰《だれ》の動作であるかをもとに見分ける。**

5
書き手の動作なので、謙譲語に直す。「もらう」の謙譲語は「いただく」「頂戴する」。

6
「入って」を「入れて」に変えて、「砂糖を〜入れている」とすればよい。難しく考えず、自分の言葉でつぶやいてみるとよい。

7
「すばらしさ」は「すばらしい」を名詞化した語。「感動した」につなげるには、助詞を用いて「すばらしさに」とすればよい。

5日目 小説文の読解——その1

整理しよう 解答

1 ウ
2 C
3 例 二人三脚がうまくいく（10字）［足がちゃんと前に進む（10字）］
4 ア

解説

1 ここは、優斗《ゆうと》が谷川くんといっしょに二人三脚《さんきゃく》をスタートする場面である。クラスのみんなにも励《はげ》まされ、がんばろうと思う気持ちから、たすきをにぎる手に力が入った。**ウ**が正解。

2 抜《ぬ》けている文の「なんとかもちなおした」に着目する。［C］の前に、「バランスをくずしそうになった」とあるので、この後に入れるとつながる。

3 どのように思ったとおりだったかは、この前の部分から読み取る。

・前にやったときには、すぐに転びそうになったのに、ちゃんと前に進んでいる。ぼくはたすきをしっかりにぎって足をはこぶ。

優斗と谷川くんの**二人三脚がうまくいっている**ことがわかる。それを見て、古賀《こが》先生は「おー、いいじゃないか」と、声をあげて喜んでいる。二人の二人三脚がうまくいったのは、リード文にあるように、古賀先生が谷川くんの胸にたすきを巻き、優斗がにぎれるようにしたから。たすきをにぎることで、優斗の体が安定し、足が**ちゃんと前に進む**ようになったのである。

4 **表現の工夫《くふう》を読み取る。**最初は「ワンツー、ワンツー」とのばしていたかけ声が、次第《しだい》に短くなり、最後は「ワンツ、ワンツ」とごく短くなっている。二人三脚をする「ぼく」（優斗）と谷川くんのリズムが合ってきて、足を進めるスピードが速くなっていることがうかがえる。**ア**が正解。

定着させよう 解答

1 エ
2 帰ろうと教
3 ウ
4 A…最高の記事 B…うみかが褒められた

解説

1 「このぐらいのこと」は、直前の内容を指している。

・みんな『銀河』を、あっさりと折ってしまいこんでしまう。
・帰りの会が終わり、「一緒《いっしょ》に帰ろう」とミーナが席までやってくる。私の『銀河』に関するコメントもなかった。

それに対し、「はるか」が書いた学級だより『銀河』がクラスの生徒に配られた場面では、「はるか」の気持ちが次のように表されている。

・誰《だれ》かにからかわれるかもしれない、と覚悟《かくご》していた
・誰かが興味を持って読んでくれないだろうか、感想を言ってくれないだろうか、といい方への期待もかなりしていた。

「はるか」は、**からかわれるのではないかという心配**をする一方で、自分の書いた文章にみんなが**興味を持ってほしいと期待**をしていた。ところが、クラスの誰も「はるか」の文章に興味を示さなかったのである。

心の中で高まっていた心配や期待が裏切られ、肩《かた》すかしをくった気持ちが「このぐらいのことだったんだ」と表されている。したがって**エ**が正解。

選択肢《せんたくし》は次のようにふるい落とす。

ア「自分の記事に自信を持っていた」が誤り。

イ「学級委員の椚《くぬぎ》さんしか興味を示さなかった」が誤り。椚さんが「はるか」に声をかけてくるのは、これよりあとの場面。

ウ 全体が誤り。

2 前半と後半を大きくまとめると、次のようになる。

前半…教室で学級だより『銀河』が配られた場面である。「はるか」は、自分の書いた文章に対する反応がなく、悔《くや》しい思いをする。

後半…そこに「学級委員の椚さん」が登場する。「はるか」は、椚さんに文章を褒《ほ》められて、「さっきまでの嫌《いや》な気持ちが消え」、「優《やさ》しい気持ち」に満たされる。

椚さんが登場する文「帰ろうと教室を出かけた、その時だった」から、後半の場面が始まると考えられる。

ポイント **場面が変わるときは、①時、②場所、③登場人物、④人物の行動などが変わることが多い。**

3 小説文では、主題や登場人物の心情を表すために、さまざまな表現が用いられる。そこに着目して選択肢を見ていく。

ア「私を」とあるので、登場人物の一人である「はるか」の視点から語られている。「第三者の視点から語る」が誤り。

イ「短い文」ではないので誤り。

ウ 椚さんについては、「大きな眼鏡《めがね》の向こうの黒目がちな目」とあり、「はるか」(「私」)については、「目を見開いて彼女を見つめ返す」とある。**どちらの文も、目に着目して人物の表情を表し、二人の人物を対比して描《えが》いている。**そこから、椚さんの率直な気持ちと、急に声をかけられて緊張《きんちょう》する「はるか」の気持ちが伝わってくる。これが正解。

エ 二人の表情を見たとおりに表しており、「比喩《ひゆ》表現」は用いられていないので誤り。

▼小説文に用いられる表現

- **一文の長さ**(長いか短いか)
- **文末の表現**(現在形や過去形)
- **文の語り手・視点**(登場人物の一人の視点か、第三者の視点か)
- **さまざまな表現技法**…比喩(直喩《ちょくゆ》・隠喩《いんゆ》)・擬人《ぎじん》法・体言止め・擬態《ぎたい》語・擬声語など

4 **人物の心情は、行動や態度、会話などを手がかりにして読み取る。**

口元がゆるんで笑顔《えがお》になっているので、「はるか」は喜んでいることがわかる。その理由を、椚さんとの会話からとらえる。

椚さんは、「はるか」の書いた文章を「今回の『銀河』、面白《おもしろ》かった」と率直な言葉で褒めている。クラスの誰からも「コメント」をもらえなくてがっかりしていたときに、椚さんから褒められた。「はるか」の気持ちは、次のように表される。

- さっきまでの嫌な気持ちが消えていく。優しい気持ちが満ちていく。
- 記事だけじゃなくて、うみかが褒められたような誇《ほこ》らしい気持ち。

リード文にもあるように、『銀河』の文章は、妹の「うみか」に読んで欲《ほ》しいと思って書いたものであることも参考にする。

ポイント **抜《ぬ》き出し問題では、本文から一字一句違《ちが》わないように抜き出して答える。(一字でも間違えると、0点になるおそれがある。)**

小説文の読解――その2

整理しよう 解答

1 ア
2 友達には絶対に知られたくない
3 イ
4 エ

解説

1 ヒコベエが「口を尖《とが》らせ」たのは、「お兄ちゃん」に「あんなものになりたいのか」と軽蔑《けいべつ》するように言われたからである。「口を尖らせる」は言葉通り、くちびるを突《つ》き出して不満そうにする表情を表す。

2 ヒコベエの発言から、心情を読み取る。

・**「僕《ぼく》が自分の名を書くと、開票の結果、クラス全員五十名が僕に投票したことになりそうなんだよ。僕が自分の名を書いたことがバレちゃうということなんだよ。」**

ほかの生徒がみんな自分に投票することが確実なので、ヒコベエが自分に投票するとすぐにバレてしまうと困っているのである。どうしても「学級委員になりたい」が、一方で「その気持ちを友達には絶対に知られたくない」という思いもあり、選挙で自分に投票したことがみんなに知られるのは嫌《いや》なのである。

3 「母が不思議そうに言った」とあるので、**母は、自分の名を書いたことがバレるのを嫌がるヒコベエに疑問を持っている**ことがわかる。母は、「バレてどこが悪いのよ。なりたければ自分の名を書くの、当たり前じゃない」と思っているので、**イ**が正解。

4
ア ヒコベエは、「クラス全員五十名が僕に投票したことになりそう」だと思っている。「学級委員になれるか不安がる」が誤り。
ウ 「選挙で満票をとることに執着《しゅうちゃく》する」が誤り。
エ 「名前は書かないと頑固《がんこ》に言い張る」が誤り。ヒコベエは、できれば書きたくないと思っているだけで、言い張ってはいない。

ヒコベエに対する言葉や態度、行動などを手がかりに、母と父の人物像をとらえる。二人が対照的な性格をしていることを押《お》さえる。

母…「なりたければ自分の名を書くの、当たり前じゃない」
「男っていうのは本当に見栄《みえ》っぱりなんだから」

見栄をはること（名）を非難し、自分のしたいことをすればよい（実）という考えなので、母は「名」より「実」をとる性格である。「名」は「評判・名声」を表し、「実」は「実質・実利」を表す。

父…「それなら誰《だれ》かの名を書いておけば。（略）自分の名を書くのはちょっと、というヒコベエの気持ちはわかるよ」

ヒコベエが自分に投票したことがバレるのを嫌がっていること（名）に理解を示し、誰かの名前を書いておいても当選する（実）と言っているので、父は「実」より「名」をとる性格である。

定着させよう 解答

1 例 千鶴の気持ちがよくわかったから。（16字）
2 ウ
3 A…わたしといっしょ
B…自分らしくないこと
C…いままでとちがう
4 エ

解説

1

ふだんは千鶴《ちづる》の言葉を「ずっとだまって」待っている「しほりん」が、この日は待たずに「うん」と返事をした。その理由は、「しほりん」の言葉から読み取れる。

・**「わかるよ。千鶴の気持ち」**

「しほりん」は、このときの千鶴の気持ちがよくわかったので、「こくんとうなずいて」返事をしたのである。設問文に「十五字程度で」とあるので、十二字から十八字で答えるようにする。

ポイント **設問文に「○字程度」とあるときは、「○字」より二割多いか少ない字数で解答するようにする。解答用紙にマスの数が指定されているときはそれに従う。**

2

――線②の「しほりん」の言葉は、千鶴に向けられたものである。

・放課後の音楽室にいる自分を、千鶴はたやすく想像できた。すぐに上達するほど器用じゃなくても、まじめに練習をつんで、着実に成長していく自分。

↔

・「中学生になったら、変わりたいって、思ってたんだ」

吹奏楽部《すいそうがく》に入ってよいものかどうか葛藤《かっとう》を感じ、自分の気持ちを「うまく言えない」千鶴に向かって、「しほりん」は、「千鶴は千鶴らしいことをしたほうがいいと思う」と、率直《そっちょく》に自分の意見を言っている。ここで、**「しほりん」は、千鶴に自分の思いを伝えようと本気になっていると**考えられる。それをふまえると、――線②の会話文は、ゆっくりと真剣《しんけん》に朗読するのが適切である。友人の千鶴を励《はげ》ます言葉を朗読するのに、**ア**「軽い口調」、**イ**「厳しい口調」、**エ**「淡々《たんたん》とした口調」は合わない。

3

「情景描写《びょうしゃ》」は、風景や天候などの情景を描写して、登場人物の心情を表す表現技法。「夕焼け空が朝焼けみたいに光りかたを変えた。」という情景は、明るい印象を受ける。ここでは、千鶴の気持ちが明るく前向きな状態に変わったことを表している。その理由を、千鶴の置かれている状況《じょうきょう》からとらえる。

・「吹奏楽部は、すごくいいと思うし、すごくやってみたい。でも、それじゃ、いままでのわたしといっしょって気もして……」

千鶴は吹奏楽部に入りたいと思ったが、文化系の部なので、それではいままでとはちがう自分になれない（いままでといっしょだ）（**A**）と思い、迷っていた。

ところが、「しほりん」は、

・「わざと自分らしくないことをするより、千鶴は千鶴らしいことをして、いままでの千鶴以上にそれをがんばって、そのさきに、いままでとちがう千鶴がいるんじゃないのかな」

と千鶴に助言した。

・**千鶴はその言葉を吸いこんだ。**

千鶴は、「しほりん」の言葉を聞いて、「うん。そうかも。そうならいいな」と素直に受け止めている。体育系の部に入って、自分らしくないことをするより（**B**）、自分に合った吹奏楽部に入って、いままで以上に部活動をがんばり、いままでとはちがう自分になろう（**C**）と思っているのである。

4

「肩から力がぬける」は、緊張《きんちょう》から解放されてほっとする様子を表す慣用表現。ここでは、吹奏楽部に入りたいが、それでは自分は変われない、と迷っていた千鶴が、「しほりん」の言葉によって葛藤から解放され、安心する様子を表している。

7日目 論説文の読解――その1

整理しよう 解答

1 A…イ　B…ウ
2 道路・オフィス・商業施設（順序は問わない）
3 畳に代わるもの
4 イ

解説

1 A **前**…現在では、玄関《げんかん》の戸は、「ほとんどがドアになった」。
後…欧米《おうべい》と同じようなドアだが、「異なっているのは、外開きであることだ」。

日本の玄関の戸について、空所の前では、欧米と同じようにドアであることを述べ、空所のあとでは、外開きであるところが欧米と異なっていると述べている。空所の前後で**反対のことを述べている**ので、逆接の接続詞「しかし」が入る。

B **前**…わたしたちは、靴《くつ》（履《は》き物）を脱《ぬ》ぐことで、外部から内部に入ったと無意識に感じている。
後…現在では公共的な建物や商業的な建物では、室内でもほとんどが靴を脱がないようになっている。

空所の前では、①段落を受けて、日本での「靴脱ぎの習慣」の意味を説明している。それに対して、空所のあとでは、現在では公共的な場所では靴を脱がないことを述べている。空所のあとの文は、前の文に足りない説明を補っており、ここには、「もちろん」が入る。

ポイント **空所補充《ほじゅう》問題は、空所の前後の関係を読み取る。**

2 直前の文にある「道路」「オフィス」「商業施設《しせつ》」を「そうしたパブリックな空間」に当てはめると、「道路・オフィス・商業施設から帰ってくると、再び、靴を脱ぐ」となり、意味が通る。

ポイント **指示語の内容は、次のようにとらえる。**
① 指示語の直前の語句を確かめる。
② 指している内容の見当がつけば、その部分を指示語に当てはめて、意味が通るか確かめる。

3 ③段落の最後の二文に、「段ボールも畳《たたみ》に代わるものとして意識されている」「敷物《しきもの》一枚であっても、それによってしきられた場所は、ただの屋外ではなく、座敷のようになる。」とある。

内容の正誤を問う設問では、それぞれの選択肢《せんたくし》と関連する内容が書かれている箇所《かしょ》を探し、正誤を確かめる。

4 **ア** 欧米の玄関のドアは内開き、日本の玄関のドアは外開きである（①段落）ので、誤り。

イ 日本では、「住まいでは、ほとんどが靴を脱ぐ」し、「ある住まいから他の住まいへ行くとき」、「途中《とちゅう》のパブリックな空間は靴を履いて歩いていく」（②段落）。つまり、パブリックな（公共的な）空間では靴を履き、住まいのような私的な空間では靴を脱ぐ習慣がある。これが正解。

ウ 日本では、「屋外にいても履き物を脱ぐことがある」（③段落）。屋外でも花見のゴザや敷《し》いた段ボールの上で履き物を脱ぐので、「屋外では常に履き物を履いている」が誤り。

エ 日本人と欧米人を比べて、どちらが「清潔」かということは、本文では述べられていないので、誤り。

ポイント **本文に述べられていないことが書かれている選択肢は、正解ではないと考える。**

定着させよう　解答

1 ア

2 2

3 ① 例 植物がつくった栄養物を食べて生きる生き方。（21字）
〔植物的な生き方をするものを食べて生きる生き方。（23字）〕
② 例 自分の栄養を自分でつくりだして生きる生き方。（22字）

4 エ

5 エ

解説

1 空所の前後の関係を読み取る。

A 前…肉は「すべて植物たちがつくりだすもの」だ。
後…肉として食べられる「ウシやブタやニワトリは、主に、草を食べたり、植物からできた飼料を食べたりして育」つ。

空所のあとで、前に述べたことの**具体例を述べている**ので、説明・補足の接続詞「たとえば」が適切。

B 前…地球上にはじめて生まれた生物は、植物的な生き方をする生物でなければならない
後…地球上にはじめて生まれたのは、自分で栄養をつくらない、「動物的な生き方」をする生き物だった

空所のあとでは、前に述べたこととは**反対のことを述べている**ので、逆接の接続詞「ところが」が適切。

2 入れる文の初めに「だから」とあるので、この文の前で、「どんな魚も、植物たちを食べて育つ」**理由が述べられている**と考えられる。本文では、3~4段落で、魚と植物の関係が述べられている。

3段落…魚は、もとをたどっていくと、「すべて植物たちがつくりだすもの」である。イワシなどの魚は水中の小さな魚や微小《びしょう》な生き物を食べ、小さな魚や微小な生き物は水中の「植物プランクトン」を食べる。

4段落…植物プランクトンは、植物の祖先に当たる生き物である。

また、5段落の初めの「草食であろうと肉食であろうと（略）動物は、植物たちがつくった栄養物を食べて生きているのです」は、入れる文を言い換《か》えた内容なので、2に入れるのが適切。

3 「動物的な生き方」と「植物的な生き方」は5段落で述べられており、**対比の関係**にある。

動物的な生き方
…植物たちがつくった栄養物を食べて生きている。
動物は、植物的な生き方をするものを食べている。

植物的な生き方
…植物たちが、自分の栄養を、自分でつくりだしている。

4 ——線③の前に「とすると」があり、この前に**理由が述べられているはず**なので、6~7段落に着目する。

生物が地球上にはじめて生まれたときには、他の生物はいない。**だから**、最初の生物は、他の生物のつくった栄養物を食べることはできない。**そのため**、「地球上にはじめて生まれた生物は、動物的な生き方をすることはできない」と考えられる。正解は**エ**。

ア 全体が誤り。
イ 「植物の生育を助ける栄養物が豊富にあった」が誤り。
ウ 「まだ少なかった」が誤り。植物プランクトンは全くなかった。

5 選択肢は次のようにふるい落とす。

ア・イ 本文に全く述べられていない内容なので、誤り。
ウ 「栄養をつくりだして」生きるのは「植物的な生き方」をする生物なので、誤り。

8日目 論説文の読解——その2

整理しよう　解答

1　例 理屈をうっとうしい（9字）

2　エ

3　A…険悪になる
B…国際的な交渉

4　イ

解説

1　この文章は、日本人と欧米人のスピーチにおけるコミュニケーションの違いについて論じられており、「論理」「理屈」という言葉がキーワードになっている。これらの言葉について、次の段落で説明されている。

④段落…日本人は、主義主張や意見を論理的に主張するのを、うっとうしいと感じる傾向がある。屁《へ》理屈という言葉がそれを象徴している。

理屈を正しいと思っている欧米圏の人に向け、屁理屈という言葉のニュアンスを伝える英語を探すのは難しい。

⑤段落…欧米人と議論を続けていると（略）日本側の主張のほうが個人的には正しいと思えるのに、いつの間にか、理屈で追い込まれていく場面に出会うことがある。

相手の理屈には理屈で押し返す、相手の論理の弱点を突くといった訓練が必要で、これを屁理屈には陥らずに、やんわりと鋭くやるのが、日本流

2　設問の条件に当てはまるのは「理屈をうっとうしい」である。

筆者が「屁理屈という言葉のニュアンス」を、「アメリカ人の友人に説明」しようとした体験について述べているのは④段落。

ア「説明を理解してもらうための有効な方法」は述べられていない。

イ「説明することに成功した」とは述べられていない。

ウ「説明を理解してもらえた」とは述べられていない。

エ「言葉のニュアンスを伝える英語を探すのは難しい」「うまく伝わらなかった」とあるので、これが正解。

3　**A**　②段落で、英語では「自分の立場をまず前面に押し出して」主張していくことが述べられた後に、③段落で、「日本人はこれが苦手だ。自分の立場を最初に言ってしまうと、対立軸がはっきりしすぎて後で険悪になるのではないかと恐れる」とあることから、日本人が「心配する」のは「険悪になる」ことだとわかる。

B　⑤段落に、「これは『言葉による説得』で鍛え抜かれた文化とそうでない文化の違いゆえかと思うが、このあたりは、国際的な交渉が一段と増えるなかで、日本人が補強していくべき点であろう」とあり、「これ」は、日本人が欧米人に「理屈で追い込まれ」ることを指している。よって、「国際的な交渉」が入るとわかる。

4　各段落に見出しを付けると、

①「説得力があってよく伝わるコミュニケーションとは」（論理と感情のバランスが重要）

②・③・④「欧米圏の人と日本人の対話の特性、理屈の捉え方の違い」

⑤「国際的な交渉における日本人の課題と『日本流』の提案」

となる。正解は**イ**。

定着させよう 解答

1 ウ

2 イ

3 ウ

4 例 世の中のあらゆることに疑問をもち、イマジネーションを働かせる(30字)[世の中をきまりきったことと考えず、イマジネーションを働かせる(30字)]

解説

1 空所の前後の関係をとらえる。

前…創造とは、「発明や発見」、「偉大《いだい》な芸術作品を創り出すことのみ」をいうのではない。→「自分なりの生き方を探《さぐ》ることは、すなわち、創造ではないだろうか」

後…「われわれの人生そのものが、ひとつの創造過程である」

空所の前で述べた内容を、空所のあとで**別の言葉で言い換《か》えている**。ここには、説明・補足の接続詞「つまり」が入る。

2 ――線①の直前の「それ」は「イマジネーション」を指している。

筆者は、「創造につながるイマジネーション」と「単なる願望充足《じゅうそく》の空想」を対比しており、この二者は、「そこに費《つい》やされる心的エネルギー量」に差がある。

つまり、「単なる願望充足の空想」は必要とする心的エネルギーの量が「イマジネーション」より小さいため、「創造」に高められる前に消え去ってしまうのである。正解は**イ**。

ア「心的エネルギー量の大きい空想」が誤り。

ウ 本文に「この両者は判然とは区別しがたく」とあることに当てはまるが、「単なる願望充足の空想」ではだめな理由ではないので不適切。

エ「はかない」のは、すぐに消えてしまう「願望充足のための空想」のほうであるので、誤り。

3 「そのように」の指す内容は、この3段落の前半に述べられている。――線②のあとに、「大人にはなりたくないと考えることもあろう」と続くので、大人を否定的にとらえていることもわかる。

- **子どもの不安定さに対して、大人の安定性をあまりにも強調するとき → その安定は停滞《ていたい》にもつながる**
- **毎日毎日きまりきったことを繰《く》り返すだけになってしまって、それを大人と考える → それはまったくつまらないことになってしまう**

大人は安定性を重んじるため、同じことを繰り返す停滞に陥《おちい》り、創造的な活動が生まれにくくなるという考え方である。正解は**ウ**。

ア「子どもの頃《ころ》の創造性」が誤り。

イ 大人は「毎日毎日きまりきったことを繰り返すだけ」で停滞していて、「高い創造性を身に付けた存在」ではないので、誤り。

エ 大人は、イマジネーションは「子どもっぽいこととして価値をおかない」。「創造に必要な安定したイマジネーションをもつ」が誤り。

4 最後の4段落から、**筆者の主張(要旨《ようし》)をとらえる。**

筆者は、「真の大人」とは、

- その中に子どもっぽさを残している人だ

という。そして、「子ども」とは、

- 世の中のことをすべてきまりきったこととは考えずに、あらゆることに疑問をもち、イマジネーションを働かせる存在だ

と述べている。この部分を、指定字数内でまとめればよい。

ポイント **設問中に指示のある語を書き忘れないように注意する。**

9日目 詩・短歌・俳句の鑑賞《かんしょう》

整理しよう 解答

1 (1) 針の光 (2) A…エ　B…ア　C…ウ

2 (1) B (2) A…二句切れ　B…三句切れ (3) ① C　② B

3 (1) ① ウ　② エ (2) ③ 遠山　④ かな

解説

1 (1) **詩の主題は、題や繰《く》り返し出てくる言葉（キーワード）に着目してとらえる。**この詩の題は「針は銀色」であり、詩の中にも「針」という言葉が何度も出てくる。銀色の針に作者がひかれていることが詩の主題である。

・針の光をたのしんでいる

・針は　きらりっと
　陽《ひ》をうけて　光ってみせる

作者は針の光る様子の美しさにひかれていることがわかる。

(2) A 第二連では、「針は銀色」という言葉が繰り返されている。同じ言葉を繰り返し用いる表現技法を**反復**といい、**意味を強調する・リズム感を生むなどの効果**がある。

B 第三連は、最後の行が「働き」という体言で終わっている。**体言止め**は**余韻《よいん》を残す働き**がある。

C 第四連では、針が陽をうけて光る様子を「きらりっと」という**擬態《ぎたい》語**で表している。擬態語は**人やものの動き・様子をそれらしい音にたとえて表す。**

2 (1) Bの短歌の初句「風さやさや」は六音で、字余りになっている。

(2) 句切れは、意味の切れているところを探す。

A「夏のかぜ山よりきたり」（夏のかぜが山からきた）で意味が切れる。

B「風さやさや裾《すそ》野の秋の樹《き》にたちぬ」（風がさやさやと山の裾野にある秋の樹に吹《ふ》いた）で意味が切れる。

(3) ① Cの短歌は「の」の音を繰り返し用いている（反復）。また、最後を「雲」という体言で終えている（体言止め）。

② Bの短歌は、樹が秋の風にさやさやと吹かれている近景と、阿蘇山《あそさん》の上に月が出ている遠景を対比させている。

3 (1) 俳句は、**五・七・五**の十七音。**切れ字**や**季語**に着目する。

(2) ③ 遠くの山に日が当たっていて、手前には日陰《ひかげ》になった冬の枯《かれ》野《の》が広がっている。遠景と近景、明と暗が対照にされている。

定着させよう 解答

1 (1) エ (2) 例 思いきって実行する（9字） (3) ① 明るくかおる　② 少しの気配り

2 (1) 別の視点 (2) ア (3) ウ

3 ① イ　② ア　③ イ

解説

1

(1) 現代の言葉で書かれているので**口語詩**、音数に決まりがないので**自由詩**。

(2) 詩では比喩《ひゆ》がよく用いられる。

・**だれかがひとりぼっちのとき　声をかける**

だれかがころんだとき　手をさしだす

これらは「ちょっとした親切な動作」であり、「だれも気づかぬこと」「だれもが　気づいていながらやらぬこと」でもある。実際には、そういう親切をしようとしても、「ぼくらは　歩く道で迷うこと」が多く、「迷っているまに機会は逃《に》げてしまう」ことが多い。だれもが気づかないことに気づいても、親切な動作を実行することをためらっているうちに、その機会を逃《のが》してしまうのである。

「歩く道で迷う」は、親切な動作をする機会に出会っても、それを思い切って実行するのをためらってしまうことをたとえた比喩表現。

ポイント　**比喩でたとえていることがらは、主題と関連することも多い。**

(3) 「広野の花」が何をたとえているかをとらえる。

・そんな　ちょっとした親切な動作も

広野の花のように明るくかおる日がある

・ほんの少しの気配りであってもいいのだ

花のような心を　人に向けてみないか

これらの部分から、「広野の花」は人が行う「ちょっとした親切な動作」や「少しの気配り」をたとえていると考えられる。人は、ありふれた広野の花の美しさに目を留めることで、「花が明るくかおる（①）」のを感じる。それと同じように、他人に「ちょっとした親切な動作」や「少しの気配り（②）」をすることで人の心は温かくなるのだと、作者は言おうとしている。

2

(1) 短歌の「いつまでもひとつ悩《なや》みが消えなくて」は、「解決の糸口が、なかなか見つからない」ことを表している。そんなとき、「別の視点を持ち込《こ》むこと」で、「あっ、こんなことだったのか」と、解決の糸口が見えることがある。「こころに一本**補助線**引いた」は、「**別の視点**を持ち込むこと」をたとえた比喩表現である。

(2) 筆者は、「補助線」という言葉に対応させて、「悩みが**消えなくて**」を「悩みが**解けなくて**」と変えている。動詞の表現を工夫《くふう》して、ふつうは「あまり言わない」表現を使おうとしているので**ア**が正解。

(3) 筆者は、「こころに一本補助線引いた」を「こころに一本引いた補助線」と変えている。歌の終わりを体言にしているので、**ウ**の「体言止め」が正解。

3

① 「筍《たけのこ》」は季節を間違《まちが》えやすいものの一つ。俳句では陰暦《いんれき》（旧暦）を使うため季節感がずれることがある。よく使われる**季語**は覚えておこう。

	気候・風景	動物	植物	行事
春	雪解《ゆきどけ》《ゆきげ》・山笑う	鶯《うぐいす》・蛙《かえる》《かわず》・蝶《ちょう》	土筆《つくし》・梅・桜	花見・遠足
夏	梅雨《つゆ》・五月晴《さつきばれ》	蟬《せみ》・蛍《ほたる》・金魚	紫陽花《あじさい》・若葉	田植《たうえ》・海水浴
秋	天《あま》の川・野分《のわき》	蜻蛉《とんぼ》・雁《がん》《かり》	栗《くり》・紅葉《もみじ》・萩《はぎ》	七夕《たなばた》・稲刈《いねかり》
冬	時雨《しぐれ》・霜《しも》・雪	鴨《かも》・白鳥《はくちょう》	蜜柑《みかん》・落葉《おちば》	クリスマス

② **切れ字は感動の中心を表す。**

③ 「ひとつふたつ」のあとに「百」と一気に数を増やすことで、雨が急に強くなってきた様子を表している。

10日目 古典（古文・漢文）の読解

整理しよう 解答

1 (1) 現代仮名遣《かなづか》い…いう　主語…**ア**

(2) 人をみ～たまへ

(3) **例** よい所に目を向ける（9字）［よいところを見る（8字）］

2 (1) **ウ**

(2) 上レバ二江楼ニ一

(3) **エ**

解説

1 (1) **仮名遣いの問題と主語を問う問題は必出。**きちんと確認《かくにん》しよう。

・仮名遣い＝語頭以外の「は・ひ・ふ・へ・ほ」は「わ・い・う・え・お」とする。

・主語＝「ある翁《おきな》に、…ととへば、…と答ふ」「かれはといへば、…といふ」と続く二つの文は対《つい》になっているので、「答ふ」と「いふ」の主語は同じだとわかる。したがって、**ア**の「ある翁」が正しい。

(2) 最後の行の「といひし（とぞ）」は「…と言った（ということだ）」という意味なので、答えはこの直前までだとわかる。「とたづねしに」は「…と尋《たず》ねると」という意味なので、この直後からが答えだと考えられる。

ポイント **会話文は、「言ふやう・いはく」のあとから始まり、「と・とて」の前で終わることが多い。**

(3) 「かく」（このように）は指示語なので、直前の部分を指している。「ある翁」は人を見るとき、次のように見るという。

・まづ十にして五つばかりもよき事あるは、いとよき人とみるべし。（略）十にして皆《みな》あしきをば、あしきと心得たまへ

「悪い人」と言えるのは、すべてが悪い人に対してだけであり、十のうち一、二でも（ほんの少しでも）よいところがある人は「よい人」と考えるべきだと言っている。ここから翁は、その人の持っているよいところを見るべきだと言っていることがわかる。

【現代語訳】 ある老人に、あの人はどういう人なのかと尋ねると、とてもよい人だと答える。（では）彼は（どうか）と言うと、（老人は）よい人だと言う。必ず彼は悪いと言うであろう人を、選んで尋ねてみると、（また老人は）よい人と答える。「どういう事か」と尋ねると、「人を見るには、まず十のうち五つぐらいもよい事がある人は、とてもよい人とみるべきである。十のうちすべてが悪い人を、悪い人と考えよ」と言ったということだ。これは人を（見るときには）このように見るということだ。

2 (1) 一句（一行）が**七字**で、全部で**四句**なので、「**七言絶句**」である。

(2) 漢詩　上レバ江楼ニ

書き下し文　江楼に上れば

書き下し文の通り、「江→楼→上」の順に読むには、「楼」から「上」に返って読めるように、一・二点を用いる。

ポイント **返り点を付けるときは漢文（漢詩）と書き下し文をよく見比べる。レ点と一・二点の違《ちが》いを覚えること。**

(3) 「風景依稀《いき》として」は、「風景は（去年見たときと）よく似ている」という意味。「独り江楼《こうろう》に上れば」から、作者は一人で風景を見ていることがわかる。風景は去年と同じなのに、親しい友人がいないことで、孤独《こどく》をいっそう募《つの》らせている。

【現代語訳】
川辺にある高い建物に上って、思いを書きしるす
一人で川辺にある高い建物に上ると、思いは果てしない
月の光は水のように澄み、川の流れは天に続いている
（去年私と）ともに（ここに）来て、月を心の慰《なぐさ》めとして愛好した
人は、（今は）どこにいるのだろう
風景は去年とよく似ているのに

定着させよう　解答

1
(1) おおくせん
(2) **イ**
(3) **ア**
(4) 例 あまり考え込まずに、とにかくたくさん句をつくること。（26字）

2
(1) 以テ示スレ衆ニ。
(2) **ウ**
(3) B
(4) **ア**

解説

1
(2) 「本意の連歌をすべし」は、「よくもなき句をおほくせん」と対《つい》になっている。「できのよくない句をたくさん作る」と反対の意味であることを考えると、「満足がいく（よい）連歌を作るべきだ」という意味だとわかる。
(3) 摂政殿《せっしょうどの》は、よい連歌を作ろうとして句数を少なくしていることを叱《しか》っている。それは、まだ初心者の段階なのだから、たくさん句を作らないと上達しないからである。したがって、**イ**・**ウ**・**エ**は当てはまる。**ア**の「摂政殿の教えに納得《なっとく》せず」が誤りなので、これが正解。
(4) 摂政殿は、「初心のほどは、いかにもおほく口がろにしもてゆけば、自然に上手にもなるなり」と言っている。これを指定の字数でまとめる。

【現代語訳】 私が若い頃《ころ》、連歌を稽古《けいこ》しましたときに、できのよくない句をたくさん作るよりは、五句や三句でも、自分の満足がいく連歌を残そうと思って、（作る）句の数を少なく申しましたところ、摂政殿がお聞きになって、「そなたはこの間よい連歌を作ろうとして、句数を少なくなさっていると聞きました。あってはならないことです。一句や二句の技巧《ぎこう》をこらして、随分《ずいぶん》よい連歌だと思っても、（力が）上の人から見れば、まだ初心者の段階であって、すこしもよい句ではないのです。だから初心者のうちは、とにかくたくさん、あまり考え込まずに詠《よ》んでいくと、自然に上手になるのです」と、ことのほかお叱りになった。

2
漢文では、解説文や書き下し文が設問中に示されることが多い。これが大きなヒントになるので、きちんと読もう。
(1) 「以→衆→示」の順に読むので、「示」にレ点を付ける。
(2) 解説文に、「誰《だれ》も何のことかわからなかった」とある。「わかる」という意味で使われているのは、**ウ**の「了解《りょうかい》」である。
(3) 解説文に、「一人一口ずつ食べろということだ」とある。皆《みな》に「食べろ」と言えるのは「酪《らく》」を贈られた者なので、「公」は武帝《ぶてい》を指すとわかる。
(4) 武帝が蓋《ふた》に書いた「合」の字は、分解すると「(一)人一口」と読める。その謎《なぞ》かけに気づいて、脩《しゅう》は「一人一口ずつ食べろということだ」と言ったのである、したがって、**ア**が正解。

第1回 入試にチャレンジ

解答

1
(1) a…こうかい　b…慣(れて)
(2) **イ**
(3) **A**…[例] 赤ちゃんグッピーがどうなろうと関係がない(20字)
[赤ちゃんグッピーが死んでもかまわない(18字)]
B…[例] クラスメイトに悲しまれていた(14字)
[クラスメイトに注目されていた(14字)]
(4) **エ**

2
(1) いえる
(2) [例] 飽きている(5字)
(3) **エ**
(4) しか思〜ぶなり
(5) **イ**

3 **エ**

4 **エ**

解説

1
(2) 選択肢《せんたくし》の文はどれも、「ぼく」の押野《おしの》に対する態度が書かれている。転校することがわかって、自分が少しでも傷つかないために、「ぼく」は押野にどのような態度を取ったかを読み取る。

・「えだいち、どうしたんだよ。元気ねえなあ」
押野は陽気に接してくれたけど、ぼくは頑《かたく》なだった。
・押野のお姉さんが、新しいデザートを作ってぼくを誘《さそ》ってくれたけど、ぼくは首を振《ふ》った。

「ぼく」は、これまでと同じように仲よく接してくる押野を遠ざけている。その心情は、次の文からわかる。

・押野とのたのしい思い出を、もうこれ以上ひとつも増やしたくなかった。
・この短かったたのしいときを、早く忘れてしまいたかった。

「ぼく」は、仲のよい友人と別れて、また一人ぼっちにならなければならないことを意識して、前もって心の準備をしようとしているのである。正解は**イ**。

ア 「友達に避《さ》けられるようになって元気をなくしている自分」が誤り。「ぼく」は自分から友達を避けようとしている。

ウ 「押野に寂《さび》しい思いをさせると気を回して」が誤り。自分がのちに寂しい思いをするので、その落差を少なくしようとしている。

エ 全体が誤り。「押野は陽気に接してくれた」とあるように、「ぼく」は押野の気持ちを理解している。

(3) 「ぼく」の置かれている状況《じょうきょう》から、心情をとらえる。

A リード文にあるように、「ぼく」は、クラスの飼育委員に立候補し、グッピーを飼うことを提案した。飼育委員は楽しかったが、転校するために、グッピーとも別れなければならない。だから、あとに残していくグッピーがどうなろうとかまわないという投げやりな心情から、親に食べられた赤ちゃんグッピーを「いい気味だ」と思ったと考えられる。

B 「ぼく」は自分が傷つかないように、存在感をなくしてクラスから去ろうとしている。ところがクラスメイトのみんなは赤ちゃんグッピーとの別れを素直に「悔《くや》しがって悲しんだ」。クラスメイトと別れを惜しみたい気持ちが無意識のうちに刺激され、理由を自覚できないままうらやましいと思ったのである。

(4) 情景描写《びょうしゃ》から「ぼく」の心情を読み取る。クラスの友達と口をきかないため、「押野以外の友達は、ぼくを避けるように」なり、その押野の誘いにも「ぼく」は「首を横に振り続け」ている。そんな様子を見て、椎野《しいの》先生は「ぼく」を職員室に呼んだのである。

・椎野先生の言葉は、まったくぼくとは関係なかった。

・仕方がないことを、大人は容赦《ようしゃ》なく聞いてくるのだ。

ここから「ぼく」が**椎野先生に対しても心を閉ざしている**ことがわかる。したがって、「おそろしく無機質で、ひどく冷たかった」という暗いイメージの表現は、これから椎野先生にふだんの振る舞《ま》いについて質問されることを想像して、「ぼく」が**憂鬱《ゆううつ》な気持ちになっている**ことを表していると考えられる。

ア「押野が、元気がない『ぼく』のことを心配して先生に相談したのではないかという『ぼく』の疑念」が不適切。

イ「知らないふりをして呼び出す先生への不信感」が不適切。

ウ「『ぼく』に対して冷たい視線を向ける友達の様子を客観的に描写している」が不適切。

2

(2) 「そのよしを問ひけるに」は「その理由を問うと」という意味。「そのよし」は、宗桂《そうけい》が「日々にかの悪者《わろもの》どもと(将棋《しょうぎ》を)指し給《たま》ひて、飽《あ》き給へる色も見えぬ」ことを指している。

(3) 次の**対比の関係をとらえる**。

・なまじひに手を知りたる者は、いつもさだまれる手の外は指さざる

↔

・かのまだしき悪者は、おのが随意《まにま》に指すめる

中途半端《ちゅうとはんぱ》に指し方を知っている者は、未熟な者が自分の思いに任せて指すのとは反対で、いつも決まった手しか指さない。正解は**エ**。

(4) 「宗桂答へていはく」と、最後の「といへり」に着目する。**人物の会話文は、「いはく～と(とて)」で挟《はさ》まれることが多い。**

(5) 「かのまだしき悪者は(略)その悪き手の中に、まれまれめづらしき指しざまのまじれる事あり。それを得て楽しぶなり」に、宗桂の考えが表れている。未熟な者は時々珍《めずら》しい手を指すことがあるので、将棋の相手として楽しいのである。

【現代語訳】 近頃《ごろ》、将棋というものに、名高い宗桂という人は、常にまだとても技量の未熟な若い人を相手にして、昼も夜もずっと、夜の明けるのもわからないくらい指されていたが、その弟子《でし》たちが思うには、その程度の者を相手にしては、私たちさえ飽き疲《つか》れて、一日といっても指すことができないのに、私たちの先生は日々あの技量の未熟な者たちと(将棋を)指しなさって、飽きなさる様子も見えないのはどのようなお気持ちなのかと言って、ある時、その理由を問うと、宗桂が答えて言うには、「そう思うのはむしろおまえたちが不十分な心なのだ。中途半端に将棋の指し方(戦術)を知っている者は、常に型に基《もと》づいた手のほかは指さないが、そのようなまだ技量の未熟な者は、自分の思いに任せて指しているようなので、その悪い手の中に、まれに珍しい指し方の混じることがある。それを得て楽しむのである」と言った。

3

「身体」は、上下の意味が似ている語。**ア**「再会」は、上の字が下の字を修飾《しゅうしょく》する語、**イ**「日没《にちぼつ》」は、主語＋述語の関係になる語、**ウ**「着席」は、動詞＋目的・対象になる語、**エ**「増加」は、上下の意味が似ている語。**エ**が正解となる。

4

「届い」は、「た」が続くので連用形。**ア**「降ら」は「ない」が続くので未然形、**イ**「思う」は、助動詞「らしい」が続くので終止形、**ウ**「聞か」は、助動詞「れ」(れる)が続くので未然形、**エ**「書き」は、助動詞「たい」が続くので連用形。**エ**が正解となる。

解答

1
(1) a…ぼうだい　b…夢
(2) 限られるこ
(3) エ
(4) 例 読まれなかった本なしに、本の世界はなかったということ。(27字)
[本がつくってきた世界は不読の本によってできてきたということ。(30字)]
(5) ア

2 イ

3
(1) 七言絶句
(2) 風ハ従リテ㆓鞋　底㆒掃ツテ㆑雲ヲ廻ル
(3) エ
(4) 例 山に登る(4字)

解説

1
(2) ――線①の直前に「すなわち」とあるので、この前までに「すべての本を読むことができない」理由が書かれている。
・本というのは時間でできていて、読書というのは本のもつ時間の使い方だ
↓
・限られた時間でしかない人の人生の時間とはちがい、本のもつ時間は限られることのない時間です。

ここでは、次の**対比の関係**が述べられている。

人の人生…限られた時間でしかない
↕
本……………限られることのない時間

したがって、「限られることのない時間をもつ本を、人生という限られた時間しかもっていないものが読む」ことになり、人は「すべて(の本)を読むことなどできない」のである。

(3) ここでの「至極《しごく》」は、「状態や程度がこの上なくきわまっているさま」を表し、「この上なく。きわめて」という意味。

(4) 「逆説」は「一見、真理に反するようにみえて、実は一面の真理を言い表していること」という意味。指示語の指している内容は、まず直前の部分を読み取る。
・**読まない本、読まなかった本の膨大《ぼうだい》さによって、本という文化、読書という文化はつくられてきました。**
・**本がつくってきた世界は**(略)**山なす不読の本によってできてきた世界である**
・**読まれない本、読まれなかった本なしに、本の世界はなかった。**
ここでは、同じことを別の言い方で繰《く》り返し述べている。本の世界は読んだ本によってつくられると考えるのがふつうだが、それに反して筆者は、本の世界は読まれない(読まれなかった)本によってつくられるという。それは、(2)でみたように、人は限られた時間しかもたないため、読んだ本より読まないまま終わる本のほうがずっと多いからである。本文の記述をもとに、「本の世界」と「読まれなかった本(不読の本)」の関係をまとめる。

(5) 最後の二段落から、筆者の主張(要旨《ようし》)を読み取る。(4)でみたように、本には、読まれなかった本が本の世界をつくるという逆説的な側面がある。その逆説的な側面が本という文化・読書という文化を豊かにしてきたと、筆者は考える。
・**本という文化、読書という文化が人のもつ限られた時間に**

もたらしてきたのは、人のもつ限られた時間をことさらにゆっくり感覚させるような仕掛《しか》け、あるいは夢だったと言っても、まちがいではないでしょう。

読書において、人は膨大な本の中から本を選び、限られた時間を使って読むため、読書は、読む本を通して「読まれなかった数知れない本」の世界の「豊饒《ほうじょう》さ」を人に感じさせ、人の限られた時間をゆっくりした豊かなものにさせるのである。「本という文化、読書という文化の特性は、ゆっくり、ということです」の部分に、その豊かさが集約されている。正解は**ア**。

イ「本という文化、読書という文化の優位性を説明している」が不適切。

ウ「人生という限られた時間がいかに尊《とうと》いかを説明している」が不適切。本文の主題は人生ではなく読書である。

エ「客観的な事実だけで説明している」が誤り。本文では筆者が自分の考えを述べている。

2

ア「気がおけない」は、「気を遣《つか》う必要がない」という意味で、気を許してつき合うことができることを表す。**近年は、「気を遣う必要がある」という誤った意味で用いられることが多いので注意する。**「二人でいるのは苦手だ」とあるので、適切ではない。

イ「二の舞《まい》を演じる」は、「前の人と同じ失敗をする」という意味。「彼と同じように失言をする」という意味になり、これが正解。

ウ「立て板に水」は、「すらすらと話すさま」を表す。水泳とは関係がなく不適切。この場合は、「付け焼き刃《ば》」（一時の間に合わせに、知識や技術を習い覚えること）を使うのが適切。

エ「他山の石」は、「自分の才能や人格をみがくのに役に立つような**他人の誤り**」という意味。「先生が受賞されたこと」は他人の誤りではないので、不適切。

3

(1) 一句（一行）が**七字**で、全部で**四句**なので、**七言絶句**。

(2) 漢詩と書き下し文を見比べて、書き下し文の順に合わせて返り点を付ける。

漢詩　風ハ従《よりシテ》鞋《あい》底《てい》掃《はらツテ》雲ヲ廻《めぐル》

書き下し文　風は鞋底よりして雲を掃つて廻る

「鞋→底→従」の順にするには**「底」から「従」に二字返る必要があるので一・二点を用いる。**また「雲→掃」は**一字上に返るだけなのでレ点を用いる。**

(3)「羊腸」は、羊の腸のように山道が曲がりくねっているさまを表す。「石苔滑《せきたいなめ》らかに」は「石の上の苔《こけ》ですべりやすくなっている」という意味。**エ**が正解。

(4) この漢詩では、勉学に励《はげ》むことを山に登ることにたとえている。登山で「一歩歩高くして光景開く」（一歩ずつ歩みを進めて登ることで、新たな光景が開ける）ように、勉学も一歩一歩着実に進めていくことが大事だと言っている。

【現代語訳】

山に登る同志に示す

山道は羊の腸のように曲がりくねり、石の上に生えた苔ですべりやすくなっている

風は足下から吹《ふ》き起こり、雲をはらうようにして山肌《やまはだ》を吹きめぐる

山に登ることはちょうど学生が勉学に励むことに似ている

一歩ずつ歩みを進めて登ることで、新たな光景が開ける